50歳から何を学ぶか

賢く生きる「教養の身につけ方」

Akira Ikegami
池上　彰

PHP
Business Shinsho

PHPビジネス新書

50歳から何を学ぶか

目次

第1章

教養をあきらめない

第2章　教養格差が社会問題を引き起こす

第3章 生きるための教養

第4章
宗教・古典こそ教養の源

第5章　人生の転機は教養と学びで乗り越える

第6章 「自分のために学ぶ」ことがなぜ大切なのか

第1章

教養をあきらめない

なぜ教養を身につけるか

「教養をあきらめたくない」

そんな声を耳にすることがあります。「池上さん、教養を身につけるには、どうしたらいいんですか」と、そんな質問を受けることも少なくありません。特に50代と人生もいよいよ後半戦に突入すると、来《こ》し方《かた》行《ゆ》く末《すえ》を考え始めますから、かねがね身につけたいと思いながらも目の前の仕事や生活にかまけて、後回しになってきた教養に改めて目がいくものなのかもしれません。

人間としての教養の幅を広げたい、会社人や仕事人としてだけでない人生の、残りの時間を少しでもより良く生きるために、教養をその助けとしたいという意識が出てくる年代でもあるからです。

誰でも「教養がない」と言われたらいい気はしませんね。これは「知識がない」「経験がない」と言われる以上に、人格を否定する響きを持っています。人間として、備えているべきものが欠落しているかのような印象さえある。教養を身につけることは、人間を知ることに通じるからでしょう。

体力や視力の衰え、物覚えの悪さや集中力が続かないなど、教養を身につけたい気持ちがある一方で、なかなか実行に移せない、続けられないという悩みも同時に浮かんでくる。だからこそ「あきらめない」「あきらめたくない」という気持ちになるのではないでしょうか。

世の中でも教養ブームが長く続いています。

戦後間もない頃、サラリーマンがエリートだった時代には、社会に出る前に教養を身につけておこう、という機運がありました。私が中高生だった頃にも、まだそうした雰囲気が残っていました。

しかし、1970年代頃に大卒は限られた一部のエリートではなくなり、サラリーマンも大衆化し始めると、大人たちが読む本にも変化が出てきます。高度経済成長期を経て、世の中で大事なのは教養よりも経済力、つまり「お金を稼いでいい暮らしができるかどうか」になっていったのです。

そのため、この頃からビジネスパーソンが読む書籍といえば、すぐに仕事で役立つハウツーものや資産形成の方法、コミュニケーション力を高めるもの、という実利的なものや自己啓発書、もっとストレートに出世の方法を説く本などになってきました。

一方、最近では書籍のタイトルに「教養としての○○」「△△の教養」「教養として知っておきたい□□」などと、「教養」と付くものが多く出版されています。

宗教、芸術、歴史、古典といった幅広い分野を扱うものから、税金や金利、中には半導体のように特定の狭い分野に至るまで、「教養」が求められるようになっているのです。いったいなぜでしょうか。

教養は、すぐには役に立たない「最強の武器」

これは、「すぐに役立つもの」、つまり実学の限界を知ったからではないでしょうか。社会に出る前に身につけておくべきものが、教養から「身を立てる」ものとしての修養に代わり、世間の価値が「いかに稼ぐか」に辿り着きました。それに合わせて大学も、教養を身につける場ではなく、就職やキャリア形成に力を入れて、良い会社に就職するための学びに変えていったのです。

その結果、どうなったでしょうか。高度経済成長が終わり、つかの間のバブル景気が弾けて以降、日本は「失われた20年」とも「失われた30年」ともいわれる低迷期を迎えることになってしまいました。

ここで、人々はなぜ日本が経済成長できないのかという問題に直面することになります。

海外では技術革新に伴い、革新的なイノベーションを起こす起業家が誕生しています。しかし日本ではそうした人材はあまり輩出されていません。

キャリア教育のような実学や、専門領域の枠組みの中でしか考えられない発想、さらには大学入学以前から試験を通過するためだけの勉強を重ねてきたことが、日本経済のみならず、日本社会が行き詰まる原因ではないか、と言われるようになってきたのでした。

　そこで、改めて教養の重要性が再評価されるようになってきたのです。

　確かに教養は、すぐには役に立たないものです。多くは無駄になるものです。身につけたものがすぐに出世や収入増につながることはまずありません。

　一方で、教養は最強の武器でもあります。特に現在のように、技術や社会がすさまじいスピードで変化していく時代、目先の情報を追うのではなく、教養を身につけることが結果的に現代社会における問いを見つける手助けになるからです。

　つまり、実学や専門バカの限界を知ったからこそ、改めて教養にスポットライトが当たっているのではないでしょうか。

定着する知識、残らない知識

　教養を求めるあまり、手軽に、気楽に教養を身につけようとする「ファスト教養」なる言葉まで生まれました。ファスト教養は、物事を手っ取り早く理解して、ビジネス場面での会話やビジネスそのものに生かすことで、仕事の成績を上げよう、上司の心象を良くしようというものです。

しかしこれは、本来の教養のあり方とは相反する姿勢です。繰り返すように、教養とは本来、即効性はないけれど、人間とは何か、世界とは何か、歴史とは何かというような、すぐには答えの出ない問いに向き合う際の助けとなるものです。すぐに役に立つものではありませんし、ましてや出世やお金儲けに直結するようなものでもありません。

その点で、教養は単なる知識とも異なるものです。今は分からないことがあればすぐにスマートフォンで「ググって」調べることができます。しかしあっという間に分かることは、実は頭に残りません。

ネット以前は、分からないことがあれば辞書を引く、図書館に調べに行く、時には大宅文庫という雑誌のバックナンバーが蓄積されている施設まで足を運ぶ必要がありました。こうして一生懸命調べたことは、その苦労の体験とともに頭に定着します。

しかしスマホでググるだけでは、パッと表示された答えを確認して終わり。もっと言えば、指を動かして目で追っているだけですから、記憶にも残らず、すぐに忘れてしまう。「また調べればいいや」と思っていると身につかず、何度も同じ言葉や現象を調べる羽目になるのです。

以前、私は『わかりやすさの罠』（集英社新書）という本を書きました。というのは、私が解説するニュースを見て、「へえ、そうなんだ」「分かりやすい」と言って、そこで終わってしまう人が少なくないことを知ったからです。番組でのニュースの解説は、あくまでも入り口にすぎません。そこから自分自身の関心に従って、さらにその先を調べたり、より詳しい本を読んだりしてもらいたいという思いからでした。

知識の点在と「知っている」は別

また、教養ある人、ものをよく知っている人のイメージが、若い世代では少し変わってきているようにも思います。例えば高学歴の人が出演するクイズ番組が人気でしたが、クイズでパッと答えられる能力と、そもそもなぜそういうことが起きているのかを考える能力や、教養があることとは別のものです。

例えば、アルミニウムの原料はボーキサイトですが、クイズの場合、テクニックによって解答を導き出しているため、出題文に「アルミニウム」が登場する場合、「ボーキサイト」と原料を答えさせると予測して、早押しで答えることはできる。しかしそれはあくまでテクニック上のものなので、「ではボーキサイトとは何でしょうか」という、さらに一歩踏み込んだ質問には答えられなかったりするのです(答えは鉱石。オーストラリアや中国で採掘できます)。

これでは「モノを知っている」ことにはなりません。知識としてボーキサイトとアルミニウムに関連があることは分かっていても、ただその知識が点在しているだけで、なぜそうなるのか、その本質は何なのかまでは、考えが及んでいないのです。

「アルミニウムはボーキサイトからできている」と、ここで止まらず「ボーキサイトってどんなものなのか」「どの国で採掘でき、世界中でどれだけ輸出入されているのだろう」「鉱石からアルミニウムになるまでの工程を知りたい」などなど、次々と問いが浮かんで調べてみて初めて、「知っている」ことになるのです。

ボーキサイトをアルミニウムに加工するには、膨大な電力が必要になります。そこで「電気の缶詰」と呼ばれたりします。製造には電力料金の安いところが有利。結果、水力発電や地熱発電が盛んなアイスランドがアルミニウムの生産地になっているのです。

難しい用語を「平たい説明」に置き換えてみる

新聞を読んでいても、一般の読者には分かりづらいのではないかという専門用語をそのまま使っているような記事を見かけることがあります。例えば日本経済新聞を読んでいたら、日銀の長期金利について「イールドカーブ・コントロール」という言葉が注釈や説明なしで出てきました。

イールドカーブ・コントロールとは、日銀が金利を低く抑えるために長期的・短期的視点の両方から国債を買って金利の上昇幅を管理していること、つまり「長短金利が上がらないようにいろいろ苦労して調整している」ことを指します。

しかし新聞記事をさらっと読んでいると、分からないまま流してしまったり、正しい理解をしないまま読み飛ばしてしまったりすることもあるでしょう。知らない言葉が出てきたらきちんと調べ、自分の頭の中で「要するにこういうことだな」と平たい説明に置き換えてみることをお勧めします。

私の場合はこれがゲームのようで自分でも面白く感じられますし、番組や授業で平たい説明をした際に、聞いた人が「ああ、そういうことか！」と思ってくれるのも喜びの一つです。そうした状況を想像しながら、自分なりの嚙み砕いた説明を考えてみるのです。

このように、うわべだけでなくきちんと理解することによって、一つひとつの知識が、背景情報を伴ってつながっていくようになります。

道路で言えば、頭の中に地図ができていくようなものです。一つひとつの通りを知っているだけではなく、それがどこでどうつながっていくかの見取り図ができていく。そうなると、知ることはますます面白くなり、単なる知識ではない、教養として身についていくのではないでしょうか。

教養を身につけるには、やはり主体性が必要です。自分から進んで知ろうとする姿勢、身につけようとする姿勢が必要になるのです。

もちろん、教養があるからといってそれをひけらかすと嫌われます。いや、「教養をひけらかす」ような人は、本当の教養人とは言えませんね。あくまでも自分のために教養を身につけ、結果的に人から教養がある人と評価されたり、敬意を持ってもらえたりするのです。

リスキリングとの違い

昨今では中高年を含め、リスキリングの必要性が叫ばれています。

リスキリングとは、社会の技術の進歩やビジネスモデルの変化に置いていかれないように、自分のスキルを磨き直したり、新たな分野を学び直したりすることを指します。

デジタル化、IT化に加えてAI化が急激に進む現在、「このままでは、世の中の流れに取り残されてしまう」と焦って、とにかく何か勉強しなければという発想にとらわれている人も少なくないのではないでしょうか。

特に50代は難しい時期です。現場が好きだったのに管理職になり、自分のこれまでの技術や能力が十分に生かせていないような気がしたり、社内での立場も先が見えてしまって、無気力になったり。これではいけない、と手当たり次第に何か資格を取ってみようと思い立つ人もいるでしょう。

その意味では、やはり教養を身につけることとリスキリングは大きく異なります。出世したい、会社の中で一定のポジションを占めていたい、より条件のいい職場に転職したい、副業で収入を増やしたいとなれば、リスキリングは一つの手段となるでしょう。

だからこそ、多くの人は社会に出て働き始めてからは、まずは仕事に直結するスキルを身につけるような学びを優先し、教養のような「すぐには役に立たない」ものを後回しにしがちなのです。

ただでさえ、日本では社会人になると「勉強することが忌避《きひ》される」「勉強していることを周りに知られないほうがいい」という風潮があります。

私がＮＨＫに入社して記者になった頃も、空き時間に本を読んでいると「なんでそんなものを読んでいるんだ」と言われたものでした。本なんて読んでいないで、現場に行くなり、酒の席で情報を得るなりしろ、というわけです。

必要な取材はしていましたし、酒の席で聞かされるのは先輩の武勇伝のような話ばかり。酒の飲めない私にとっては、とても仕事の役に立つとは思えませんでした。しかし一部の上司や先輩、同僚からすれば、「仕事の役に立つかどうかも分からない本なんて、読んでる暇はないぞ」ということだったのかもしれません。

あるいは現在でも、社内で隙間時間に何らかの勉強をしていると、「ズルい」「そんな暇があるなら仕事しろ」と言われかねない風潮もまだまだ残っているようです。

リスキリングについては政府までもが音頭を取って推進し始めましたから、まだ学びの大義名分も立ちますし、企業が社員の資格取得に報奨金を出すような仕組みもできてきました。しかし「教養のため」となると、これは趣味の域に追いやられてしまうでしょう。「仕事に何の関係があるんだ」というわけです。

転職の準備と疑われる日本

しかし実際には、教養の有無、社会に出てからの学びの姿勢の有無は、仕事やその成果にも大きな影響があるようです。日本経済新聞が「低学歴国」というキャンペーン報道を行なって、その後『「低学歴国」ニッポン』（日経プレミアシリーズ）という本を出しています。それによると、日本では博士号を持っている経営者が各国に比べて非常に少ないというのです。

例えばアメリカではPh.D.を持っている人は多く、名刺にもしっかりと書いてあります。大学を出て一旦、就職したのちに再び大学院に戻って修士号、博士号を取るケースも少なくありません。

アメリカでは大学の4年間はリベラルアーツ（これについては第5章で詳しく解説します）、つまり一般教養とも言われる幅広い分野を専門にとらわれずに学んだのち、経営学を極めたい人は経営学の大学院に、弁護士や裁判官になりたい人はロースクールに通います。4年で終わり、ではないのです。

しかし日本では、4年制大学を出たらそれで学びは終わり、というケースが非常に多い。むしろ大学院へ進むと就職が難しくなるとさえ言われています。社会に出たあとも同様で、働きながら大学院へ進むことや、一時休職して博士号を取ってから会社に復帰する、というスタイルを認めている会社はそれほど多くはありませんし、ほかの社員や会社からの目を気にして、大学院に通っていることを隠している人さえいると言います。

なぜなら、社員が本格的に何かを学ぼうとする姿勢に対して、ほかの社員や会社側は転職の準備をしているのではないかと疑うためだというのです。

こうした、社会に出てからも広く教養を身につけようとする姿勢の欠如が、日本の生産性の低さにつながっているのではないか、というのです。

MBAは本来、現場で役立てられる知識

今から30年ほど前のことになりますが、企業が社員にMBA（経営学修士）を取得させるために、アメリカのビジネススクールに留学させる制度が流行したことがありました。

箔《はく》をつけるために資格を取得させますが、留学から戻ってきても同じポジションで同じ仕事をさせることがほとんどで、嫌気のさした社員が会社を辞めて、資格を生かせる別の会社に転職してしまう、という事態が起きました。

何のために会社がMBAを取得させるのか、留学後にその資格を社内や社会でど

う生かすか想定がないまま流行に乗ったために、このような結果に至ってしまったというわけです。

私の大学時代の同級生にも、似たような経験をした人がいます。とても優秀で、新聞社に入社したのち、ハーバード・ビジネス・スクールに留学して戻ってきたのですが、帰国後「それってどんな専門学校?」と聞かれて驚いたそうです。

ハーバード・ビジネス・スクールはハーバード大学の経営大学院で、経営者を養成する世界屈指の教育機関です。同級生はその後、外資系の会社から声がかかり、幹部に抜擢されるなど、ウォールストリートで大活躍しました。


さすがに現在はハーバード・ビジネス・スクールやMBAに対する認識も広まってはいますが、逆にその価値がわかるからこそ、上司や同僚から嫉妬されたり、「現場を知らないくせに、アメリカ帰りを鼻にかけている」などと難癖をつけられ、足を引っ張られたりすることもあるかもしれません。

しかし本来、MBAのような資格はまさに仕事の現場で役に立てるために身につける知識であるはずです。もちろん資格を取得すれば、より良い条件を提示してくれる会社へ転職することもあるかもしれませんが、会社としては自社の職務に貢献してくれる社員を邪険に扱う必要はないはずです。

それどころか、アメリカなどでＭＢＡを取得するような人たちは、会社の利益に資するというような狭い視点ではなく、自分の知識を使ってどのように社会変革を起こすかという視点でものを見ていると知り、驚いたことがあります。

会社に入ってからの資格取得を仕事をさぼっているとみなしたり、勉強を怠ったりするような風潮があるからこそ、技術進歩や価値観が変わっていくスピードについていけない社員が目立つようになり、リスキリングの必要性が取り沙汰されるようになってきたように思えます。

国を挙げて奨励し、会社も組織的に社員のスキルアップを応援する体制ができて初めて、個々の社員も「転職するつもりか」などと疑われずに安心して自分のスキルを磨くことができるようになる、その第一歩がようやく始まったとも言えるのでしょう。

自分の人生は結局、なんだったんだろう

むろん、教養については言うまでもなく、これから先の人生をさらにより良いものにしていくため、つまり自分のために身につけるものです。

私は54歳の時にNHKを早期退職し、本を書く生活に入るつもりだったのですが、テレビでニュースを解説する仕事が増えてしまいました。これには自分でも驚いたのですが、50代という節目は、誰にとってもこれからの身の振り方を改めて考えざるを得ない時期でもあります。「残りの人生を、どう生きるべきか」に思いを馳せざるを得ないからです。

最近では、「ミッドライフ・クライシス」という言葉も耳にするようになりました。

ミッドライフ・クライシスとは「中年危機」を意味するもので、人生の折り返し地点を迎えた50代前後の人々が、心身の衰えを含むさまざまな理由から自分のこれ

までの人生やその先の人生に不安を抱えてしまう心理状態を指します。

確かに、人生は後半戦に入っていき、季節で言えば秋から冬、一日で言えば昼過ぎから夕方、そして夜を迎える時期に向かっていきます。その中で、「子供が自立するまでは、とがむしゃらに走ってきたけれど、いったい自分の人生はなんだったんだろうか」「残りの人生で、いったい何ができるのか」「いつまで働かなければならないのか」「このままでいいのか」と思い悩んでしまう。

体力や頭の回転の衰えも顕著になってきますから、「もう若い人には勝てない」「後ろから来た人たちに、どんどん追い抜かれていく」などと、ますます鬱屈《うっくつ》していくというもので、このミッドライフ・クライシスが社会問題にもなりつつあります。

しかし本来は、こうした時期にこそ、教養が役に立つのです。

教養は「現在ただいま」の時間軸を超えて、過去から現在までの長い人類の歴史や営《いとな》みに触れることで、自分を客観視できるものなのです。

生きるとは何なのか、人生とは何なのか。若い頃には少しも思いを致さなかったこうした問いに、年を重ねてきたからこそ我がこととして向き合うことができるのです。

古来より、古今東西の多くの人たちが生きることの意味や老いに直面してきました。そうして書き残してきた多くの古典や名著が世界にはたくさん存在しています。例えば『源氏物語』にだって、色恋の話だけではなく、老いて死んでいく登場人物の心の様が描かれています。また、本書の第4章で扱う聖書や宗教にも、死の恐怖から人間を救うためのヒントを見つけることができるでしょう。

自分の第三の場所を得る

「自分は中年危機などに陥《おちい》っていない」と考える人でも、「教養を身につけたところで、給料が上がるわけでもなし」と思って避けてしまうのはもったいないことです。仕事や家庭以外の別の面をもう一つ持つことで、社会や世界の見え方が変わってくるからです。

会社での人間関係のほかに、別の面、例えば趣味でもかまいませんが、そうしたものを持つことで会社とは別の人間関係や世間が構築されます。

仮に会社や家庭で嫌なこと、大変なことがあっても、もう一つの分野で救われる、心が軽くなるということもあるでしょう。第一の場所である家庭、第二の場所である会社に続く、第三の場所（サードプレイス）と呼ばれることもありますが、居心地のいい、もう一つの場所を持つことが、人生の充実度を高めるのです。「ミッドライフ・クライシスなんて私にはまったく関係ありません」という人は、この第三の場所、もう一つの面をすでにお持ちなのではないでしょうか。

これも教養には限りませんが、50代からでも、これまでやり残したこと、やってみたかったけれどなかなか手が出なかったことにチャレンジするのに遅すぎるということはありません。

徒歩で測量を行ない、17年かけて日本地図を完成させた伊能忠敬《いのうただたか》が、地図作成を始めたのは隠居後の55歳からと言われています。その後、71歳まで地図作りに取り組み、73歳でこの世を去っています。

伊能忠敬は「正確な暦《こよみ》を作るためには、地球全体の大きさを知る必要がある。それを計算で割り出すためには、少なくとも江戸から蝦夷地《えぞち》（北海道）までの正確な距離を測る必要がある」と考え、測量の旅に出たといいます。当初は誰に頼まれたものでもない、個人的な好奇心から始めたことが、後世に名を遺す大事業となったわけです。

もちろん、名を残そうなんて考えなくてもいいのです。50歳から始めて、70歳まで続ければ「〇〇歴20年」、80歳まで続ければ「〇〇歴30年」になるわけで、そうなればいっぱしのものです。50代、60代は何かを始めるのにまったく遅くないと言えるでしょう。

良い仕事をするために体を鍛えている人が非難されることはほとんどありません。しかし、勉強、それも教養となるとまだまだ、会社にいながら学びを行なうには抵抗がある風潮は根強く残っているのは不思議なことです。どちらも、より良く、より長く、いい仕事をするために必要な土台作りのはずなのですが。

教養とは、知識の運用力

少し変わってきたと思うのはいわゆる「推し活」の社会的な認知です。何らかの趣味に没頭していること、誰かのファンになり、その人が出演している作品を楽しんだり、ライブに足を運んだりする「推し活」を行なうことなどに対しては広く理解が得られるようになってきています。

いわば、ジャンルを問わず「オタク」が格好いい時代になってきていると言っていいのかもしれません。

好きなことに没頭している時、興味があることに取り組んでいる時には、誰しも時間を忘れて没頭してしまう。私の場合は読書ですが、何かに興味を持つ、少し情報を追いかけてみる、深く調べてみるという姿勢が、ひいては物事に対する好奇心を掻《か》きたてることにつながります。また「面白がる」感覚を味わうことで、仕事のうえでも「仕事を楽しむ」というセンスの醸成につながることもあるのではないでしょうか。

何より、好きなものを追いかけている人は、ミッドライフ・クライシスに陥る暇もなく、推し活に時間を割《さ》いているでしょう。本でも人でも作品でも、推せるものを見つけられた人は、それだけ若く、充実した日々を送れるのかもしれません。

教養というのは、つまるところ「知識の運用力」です。

人は生活や仕事の中で、いろいろな知識を身につけています。経験から得た知識もたくさんあるでしょう。しかしその多くが、バラバラな知識として点在している。これをきちんと線で結び、やがて面になり、立体になっていくと、これは教養に変化していきます。知識をただ持っているだけでなく、きちんと使って位置付けて、運用していくことで教養に発展させていくのです。

私がＮＨＫ「週刊こどもニュース」でお父さん役を務めていた際には、まさにその「運用」をしていたのではないかと思います。

学校で習ってきた地理や歴史は、例えば「行く行くパリへヴェルサイユ」（1919年、パリ講和会議でヴェルサイユ条約が結ばれる）のように年号や用語は覚えていても、それが何を意味し、後世にどのような影響を及ぼしたのかまでは理解が及んでいないという人もいるでしょう。

社会人になって、新聞を読んだり国際ニュースを見るようになったりして、こうした知識をもう一度、体系だったものにしたいと思うようになる。「あれ、知っているはずなのに、うまく説明できない」「今の国際情勢と、どのように関係があるのか、理解していなかった」と気づき、改めて学び直したい、最低限の教養として現代史くらいは知っておきたいとどこかの時点で気づくのです。

ここへきて、教養が気になった理由

仕事や生活で忙しく、身につけたいと思いながら何となく時間が過ぎてしまった……そうしているうちに50代になり、会社での先行きもだんだん見えてきて、子供も手が離れるようになった、ようやく少し余裕が出てきたかなという頃に、「あれ、そういえば自分は社会のこと、歴史のことを実はよく知らないのではないか」と気づく。社会に出て初めて、学んでこなかったことに気づくのです。

50代になり、そういう時期を迎えているとすれば、今こそ、これまで培《つちか》ってきた経験や知識を、教養に昇華させるチャンスと言っていいでしょう。

終活にはまだまだ早い。でもその少し前の段階で、改めて自分の人生を振り返ってみた時に、残り少なくなってきた人生、衰えてきた体力や好奇心がまだ残っているうちに、後の人生をどう有意義に過ごすか。「そういえば自分には教養と言えるものが何も身についていない」「仕事のことについてはそれなりに詳しいという自負はあるが、文化的素養が何もない」「オペラや歌舞伎の話もさっぱり分からない」「生まれ育った日本や故郷の歴史について、実はよくわかっていない」という思いを持つ。そういう人は少なくないでしょう。

そう思うからこそ、あなたは本書を手に取ったはずです。そうである以上、「仕事の役に立つのか」「教養なんて大層なものを、今から身につけるなんて無理だろう」というような余計なことは考えず、興味の赴《おもむ》くまま、気になっていたこと、知りたかったことに対する関心を実行に移し、ずっと読んでみたかった小説や古典を手に取ってみるとか、改めて歴史の入門書を開いてみる、ということから始めてみてはいかがでしょうか。

一足飛びに教養を手軽に身につける方法はありません。それに、教養を身につけるのに、「遅すぎる」ことはありません。この本を手に取ったところから、もう始まっているのですから。

まずは書店で棚を眺めること

そこでお勧めしたいのは何よりも読書であり、ちゃんと書店に行って棚を眺めること。とにかく何でもいいから本を読んでみてほしいのです。

「池上さん、どんな本を読めばいいですか」と聞かれることが多いのですが、とにかく気になるものを手当たり次第読んでみるのが一番いいものなのです。
「そうは言うけれど、なにか目安はないのか」と聞かれれば、私は「普段のあなたの関心や仕事の分野から、もっとも離れたジャンルの本を読んでみましょう」と答えています。

思い切って読んでみると、「もっとも離れている」と思っていた分野の中に、自分の仕事や生活、普段思っていたことに近いもの、どこか通じる部分に行き当たることもあります。もっと言えば、これまでとはまったく違う発想に行き当たって、目の前が明るくなるような体験をするかもしれません。

文化庁が公表した2023年度の「国語に関する世論調査」では、「一か月のうち一冊も本を読まなかった」と答えた人が実に6割に達するそうです。その中で本書を手に取ってくださったあなたには感謝の気持ちでいっぱいですが、本書を読み終わったあとは「もっと本を読みたい！」と思うようになっていることを願います。

書店に毎日行くのは大変という方もいるかもしれません。その場合はせめてひと月に数回、時間を作って大型の書店に滞在し、書店内を周遊してみるといいのではないかと思います。

目的意識を持たず、プラプラ書店内を歩き回って棚を眺めているだけでも、「あれ、こんな本があったのか」「そういえば気になっていたんだ」「昔好きだったなあ」などと、ピンとくるものがあったりします。

本が私に呼びかけてくる

私は新聞や雑誌に連載をしていますが、時には締め切り前になってもテーマが思いつかず、何を書こうかと迷うこともあります。そういう時に、さてどうしたものかと書店を回っていると、本のほうから「おいで、おいで」と手招きされることがあるのです。本に呼ばれるというのでしょうか、ともかく思いもかけない出合い、ひらめきがあるのです。

東京近郊で働くビジネスパーソンなら、東京駅丸の内北口にある丸善丸の内本店がお薦めです。私も時間があればしょっちゅうここを周遊しています。

時間がない時は一階にずらっと並んでいるビジネス書のタイトルを見るだけでも、「東京のど真ん中で働くビジネスパーソンの間で今、何が話題になっているか」「どんなテーマがこれから話題になりそうか」といったブームの兆《きざ》しを感じることができるのです。隙間時間に書店に行くだけでも、視覚から感じられることがたくさんあるというわけです。

私は毎週、大学の授業のために名古屋に行っています。東京駅から新幹線に乗る前に丸善に寄って車内で読む本を探したり、名古屋駅にある三省堂書店の名古屋本店で、今度は帰りの新幹線で読む本を見繕《つくろ》ったりしています。新幹線の往復は貴重な読書時間で、だいたい片道で新書一冊を読むのが目安です。

これがいい読書タイムになっていますから、移動時間が短縮できるリニアが開通しても、おそらく私は乗らないでしょう。移動中は読書のほかに弁当を食べたり、ゆっくりする楽しみもありますから。

書店では店員さんと会話も

少し時間がある時には、普段はあまり回らないジャンルの棚を回ったり、家の近所の書店では店長さんと話をすることもあります。社会科学系や人文系の品揃えが面白いある書店の店長さんに聞いたら、なんと店長さんご自身がラテン語を勉強していらっしゃると分かってちょっと感激したこともありました。こういうことはAIやアルゴリズムで売れ筋の本を紹介してくれるネット書店とはまた別の魅力で、独自の価値観や視点を持つ人間が手掛けているからこそ面白みを感じられる好例でしょう。

急いでいる時、ピンポイントで調べものをしたい時などはネット書店を使ったり、キンドルなどの電子書籍を使うこともありますが、基本的には書店に出向いて紙の本を買っています。

紙の本は手に取った時、100ページ読んだ、200ページ読んだという進み具合と残りのページの割合が分かりやすいのですが、電子書籍だと例えば「残り25%」と表示されるので、ちょっとまだピンとこないというのが正直なところです。

今は雑誌が冬の時代を迎え、コンビニの雑誌コーナーが縮小しています。雑誌目当てに通ってくるお客さんを失った地方の書店などが次々に閉店するなど、厳しい時代に差し掛かっています。書店は人々の教養や好奇心の支えとなるものですから、何とか存続してもらいたいところです。


余談ですが、最近の若者は本を書店で買わないどころか、Amazon で本が買えることを知らない人も出てきました。大学の授業で読んでくるよう本を指定すると、時に「メルカリで探したけれどなかったので、手に入れられず読めませんでした」などと言ってくる学生もいるほどです。

「Amazon があるじゃない」と言うと、「Amazon で本が買えるんですか」と言われて驚きました。中高年の世代であれば Amazon が本の販売から始まり、そのあと生活用品等に取扱品目を広げたことを知っているのですが、若者の間では「Amazonは生活用品の通販サイト」という認識のほうが広がっているようです。

アイデアは本の背から生まれる

本好きの人は「積読《つんどく》」、つまり買うだけ買って読まずに積んである本を多く所有していると思います。私も積読はかなり多いほうです。

ＮＨＫをやめてフリーランスになる前に、とりあえず仕事場を持とうとして家の近くのマンションを借りました。

そしてまず、ずらっと本を並べたのです。書店と同様、本棚に並んでいる本の背を見ているだけで、次の企画や原稿のアイデアが浮かぶからです。

必ずしもその中身を読んでいなくても、「ああ、こんな切り口があるかもしれない」とひらめきが生まれる宝庫になる。本棚に入りきらなくなって、床に積み始めたらおしまい、収拾がつかなくなると言われます。

しかし、今は自分が買う以外にもさまざまなところから献本が届くようになったので、自宅や仕事場に加え、東京科学大学（旧 東京工業大学）、東京大学、立教大学の各研究室にも本が積みあがっています。

それでもまだまだ書店に行って本を買う。というのも、本が売れない時代になり、初版の発行部数が少なくなってしまっているため、これと思う本は買っておかないと、そのあとで手に入れることができなくなる可能性があるからです。

つまらない本は途中でも読むのをやめる

以前はつまらない本だなと思っても、もったいないと思って最後まで読んでいたのですが、最近は時間のほうがもったいないと気づき、あまり面白くない本は途中でやめるようになりました。

しかし、つまらない本にも意味がないわけではありません。つまらない本に行き当たることで、面白い本の面白さに気がつくこともできるからです。

加えて、最近とてもいい言葉を聞きました。「稀覯本《きこうぼん》（貴重な古本など）でもない限り、本を買いすぎて破産した人はいない」という一文です。

確かにそうだ、どれだけ本を買っても、文庫や新書なら一冊1000円程度。分厚い専門書でも5000円くらいですから、ギャンブルのように身を持ち崩すことはない。酒を飲みすぎて健康を損《そこ》ねたり、お金が無くなって身上《しんしょう》を潰したりする人はいますが、本が好きで身上を潰した人はいません。借金生活になってしまうほど本を買うのはむしろ難しいとさえ言えます。

いいことを聞いた、とますます本を買うようになったため、どんどん積読の量は増えているのですが、最近では本の下敷きになって死ねるなら本望、と開き直っています。

自宅に書棚がない生活なんて寂しくはないですか？　書棚にどの本をどう並べようかと考える。ここから教養への道が開きます。

第2章

教養格差が社会問題を引き起こす

言語化と語彙力

率直に言えば、教養がある人は会話にも教養がにじみ出てくるものです。

特に分かりやすいのが言葉遣いです。50代になっても若い頃のまま、「マジで」「っていうか」なんて言っていると、「年甲斐もない言葉遣いだな」と思われてしまいます。「食べれない」「出れない」などの「ら抜き言葉」も、中高年に差し掛かってきた世代の人が人前で使うのは、情けない物言いになってしまいます。

若い人の間で流行っている言葉を、知ったかぶって使うのもやめたほうがいいでしょう。「ヤバい」「エグい」という言葉は、今の若者は「すごく良い」という意味で使うようですが、いい大人が「いやあ、この間は、マジでエグかった」と言うと、聞いているこちらのほうが恥ずかしくなる、という経験はあなたもあるのではないでしょうか。

同時に、「これは際立って良いものである」ということを表現する語彙《ごい》や表現力がない。つまり、教養がないことを相手に伝えているようなものでもあります。

これも最近、耳にする言葉ですが「普通においしい」というような表現も、大人が使う言葉としてはちょっと引っ掛かります。

何がどう良いのか、どの点が素敵なのか。なぜほかとは違うのか。対象をしっかり観察して、言語化できるような表現能力や語彙力をつける必要がある。これも教養の範囲と言えそうです。

つまり、その人が使う言葉がどういうものかによって、教養格差が露呈してしまうのです。

間違っても指摘してもらえない

上司や先輩など、目上の人が言葉の使い方を間違っていることに気づくことがあっても、なかなか指摘しづらいものです。ということは、逆に言えば自分の地位が上がったり、部下を持つ立場になったりすると、間違いを指摘してもらえない、ということでもあります。

以前、ある学校の校長先生が生徒に「にんげん、到る処、青山あり」と言っていました。これは正しくは「じんかん（人間）」と読みます。

「骨を埋める場所はどこにでもある」という意味から転じて、「大志を実現するためには、故郷にこだわらず世界を舞台に活躍すべきだ」というメッセージになるのですが、読み方を間違えてしまってはいかにも締まりません。おそらく、校長先生に「『にんげん』ではなくて『じんかん』ですよ」と教える人がいなかったのでしょう。「人が死んで骨を埋める地」を意味する青山（せいざん）を「あおやま」と読んでしまうと「青山霊園」になる……というのは少し高度なギャグでしょうか。

余談ですが、ギャグというのは聞いている人の間にある程度の共通認識がないと通用しません。講演などで、以前は「私は世界90の国と地域に行きました。でもイモトアヤコさんは100を超えているそうです」と言うと、会場がどっと笑ってくれました。番組「世界の果てまでイッテQ！」（日本テレビ系）で、イモトアヤコさんが世界中を回っていることをみんな知っていたからです。しかし最近は、テレビを見ない若い人が増えたせいか、「イモトアヤコさんが……」と言っても反応が薄い。ということで、このギャグが使えなくなってしまいました。

意識して観察眼を持つ

語彙力が必要なのは、話し言葉に限りません。

以前、ある作家が作品内で登場人物のことを「美人である」と書いて物議をかもしました。作家たるもの、造形や立ち居振る舞いの詳細を書き込むことによって、結果として読んだ人が「ああ、この人物は美人なんだな」と感じ取るように表現しなければなりません。要するに、「美人」とは書かずに、美人であることを表現によって伝えるのが、作家が持つべき表現力のはずだからです。

古い表現では、「立てば芍薬《しゃくやく》、座れば牡丹《ぼたん》、歩く姿は百合の花」という言葉がありました。これは美しい女性を指す表現です。立ったり座ったり、歩いたりするだけで、まるで花が咲いたようにその場が華やぐことを表現しています。芍薬や牡丹は大輪で色彩も鮮やかですし、百合ならば曲線が美しい特徴を持つ花ですから、どんな仕草をしても美しくそれぞれに魅力があることが想像できるでしょう。

これまた余談ですが、この一文のパロディで、「立てばパチンコ、座れば麻雀、歩く姿は馬券買い(競馬)」というギャンブル好きになぞらえた言い回しも有名です。

現在では、イケメンだとか美女だとかという論評それ自体がルッキズム(外見至上主義、美貌差別)につながりますから、そもそも人の外見をどうこう言うべきではないという価値観になってきています。いずれにしても、外見ではなく人間として魅力的であることを伝える場合でも、やはり小説であれば表現でそう伝わるように描かなければなりません。

作家並みの表現力を持つ必要はありませんが、それでも「ヤバい」「すごい」だけでは伝わらない、なんらかの機微や良さをうまく伝えられる表現や語彙、観察眼は、意識しなければなかなか持てません。

同世代の仲間と「マジでやばいよな」なんて言っていたはずが、いつの間にか周りはすっかり落ち着いた言葉遣いになっていて、自分だけが浮いてしまうということさえあり得るのです。

年齢を重ねれば重ねるほど、教養格差は広がっていきます。

人生のどこかの時点で、「自分はもういい大人だから、あまり恥ずかしい振る舞いや無知、無教養をさらすようなことがないように気を付けよう」と意識することで、気がついた人は中高年として品格ある言葉遣いや佇《たたず》まいになり、気づかない人はいつまでもそうしたものが身につかない、年甲斐のない状態となってしまいます。

年齢を重ねるなら、相応の人生経験と同時に、思慮分別や教養を身につけておきたいものです。

体験格差の問題

近年、子供の教育に関しては「体験格差」が問題視され始めています。

体験格差とは、子供のうちに親が旅行へ連れていったり、図書館通いや習い事を習慣づけたりするような環境があるかないかで、その後の進路にも大きな影響が出てしまうという問題です。

裕福で余裕のある家庭の子供は、運動クラブや水泳教室、塾にも通うことができますが、貧困家庭やシングルマザー・シングルファーザーの家庭の場合には習い事の送り迎えができない、月謝が払えないなどで、子供のうちにできる体験が少ないというものです。

あるいは休日に親子で出かける際に、科学博物館や国立博物館に行くのか、近所のショッピングモールのフードコートに行くのがやっとなのか。家で視聴するテレビやインターネット番組にしても、一緒に教養番組を見るのか、お笑い番組だけなのかでは、子供が体験から得る知識に差が出てきてしまうということです。

これは、子供の将来的な可能性を育《はぐく》むうえでも大きな差になりかねません。大学のＡＯ入試などで特別な体験から学んだことをアピールする際にも、やはり大きな差が生まれます。面接で「留学しました」「海外のサマースクールに通いました」

と話せるような成長エピソードがあると、実際に有利になることがあるからです。

しかも悪いことに、子供のうちにさまざまな体験をしてこなかった場合、自分が親になった時にも子供に多様な体験をさせたいという発想が働かず、あるいは体験をさせられるような環境にないことから、体験格差のある子供が再生産されてしまうという世代を超えた問題にもなっています。

子供が知的好奇心を得られない

こうした体験格差を防ごうと、子供が文化に触れられる機会を提供する団体なども出てきています。親が仕事で忙しく、情報を得る方法すら知らなければ、こうした取り組みに辿り着くことさえできません。

親は、子供にも教養ある人間に育ってほしいと願うものでしょう。そのものずばりの高学歴をと望む親もいますが、それ以前にある程度の常識や教養を身につけて、社会で通用する大人になってほしい、より良く生きてほしいと望む人も多いのではないでしょうか。そのためにできることはしてあげたいと考えても、生まれた家庭環境によって、体験や教養に格差が生じてしまう。

これは実は今に始まったことではなく、私が学生だった50年前から「東大合格者の家庭は高額所得者である」というようなことは指摘されていました。

それも、富裕層だから子供の教育にお金がかけられるというような教育費の問題ではなく、親の教育程度が高いために家に立派な本棚があり、子供のうちからそうしたものに触れる機会が多いということです。

あるいは家庭内でも知的な会話が交わされることで、子供の知性にいい影響が出る、結果として好奇心旺盛で、読書や勉強が好きになり、良い成績を取るためにいい学校に進学できる、というものでした。

しかし、「家庭環境が知性溢れるものでなかったからといって、子供が知的好奇心を育む機会に触れられないのは問題だ」という見方が出てきました。「親ガチャ」という言葉も流行りました。これは「貧しい家庭に生まれたから、恵まれた環境に生まれた子供と差がついても仕方がない」ことを嘆く時にも使われる言葉です。どこかあきらめのニュアンスを含みながらも本当にそれでいいのか、という社会に対する問題提起を含んでいるように思います。

大人が体験格差を埋めるために

こうした格差をなくすためにはどうしたらいいのか。

少なくとも教養に関しては、お金をかけなくても学べる公立の図書館や地方自治体が主催する学びのイベントなどを利用し、少しでも子供が興味を持てるものに触れられる機会を作っていくことが必要でしょう。

実はこれは、子供だけでなく大人も一緒です。教養溢れる親の元に生まれていれば、家族同士の会話や家庭生活の中で自然と教養が受け継がれていきますが、そうでなければ教養に触れる機会がないまま大人になってしまうこともある。

若いうちは「うちの親は無教養だったから……」で済むかもしれませんが、50代になってそれではやはりまずい。子供のうちはやむを得ない状況であっても、社会に出ればあとは自分の力で教養格差、体験格差を埋めなければなりません。

少なくとも「教養を身につけたい」と思っているなら、自分のできる範囲で努力をし始めなければなりません。

社会が実学の限界を知り、教養を重んじるようになってきた一方で、大学でのキャリア教育重視はまだまだ続いています。特に私立大学では就職率が大学選びの条件になるからと、就職率の高さやキャリアセンターの充実度、就職のためのバックアップ体制を、大学での学びの環境整備以上に強くアピールしている大学もあります。


また、50代ともなれば会社で部下を多く抱え、新卒採用を担当する立場を経験した人もいると思います。会社が大卒の採用時に「即戦力」を求めるからこそ、大学の側も学生を「即戦力」として育てることに躍起《やっき》になっている面もあるでしょう。

中には小中学校の段階から、キャリア教育を始めるべきだという声も根強くあります。

しかし子供のうちから、自分が将来何になりたいのか、自分の特性を生かせるのはどのような職業なのかを把握できる人はほとんどいません。なぜキャリア教育が叫ばれるようになったかと言えば、ニート、つまり学校を出たあとも定職に就かずゲームばかりしているとか、家に引きこもって社会的な活動をしていないなどの若者が社会問題になって以降、文部科学省が慌てて持ち出したのがキャリア教育でした。

しかしそうやって、就職のためだけに学ぶという姿勢は、本来の学問や教養とはかけ離れたものです。そして、近視眼的な実利のために仕入れた情報は、実はすぐに役に立たなくなるものでもあるのです。

手を動かすことの重要性

教養に関連してもう一つ、実は大事なものを挙げておきましょう。

それは「手を動かすこと」です。私が子供の頃は、よく時計やラジオを分解して、元に戻せなくなって親に叱られていました。

例えば鉱石ラジオというものがあり、トランジスタのように小さいのですが、ちゃんと音が聞こえる。組み立てキットのようなものも売っていたと思います。実際に実物をいじって、手を動かすことで、時計やラジオがどのように動いているか、その仕組みを理解することができるのです。

今は時計もデジタルを使う人が多くなり、ラジオもカメラもスマートフォンやパソコンと一体化してしまったため、おいそれと分解できる状態ではなくなってしまいました。機械工学的なものを目にすることが少なくなり、頑張ってスマホの裏をこじ開けても半導体が収まっているだけです。むしろ中身のプログラムが重視されています。

以前は自動車の運転免許証を取得する際にも、エンジンの仕組みや修理の仕方を学んだものでした。分解して、中の仕組みまで理解するからこそ、車がどのような仕組みで走っているかも理解できたし、ハンドルをどのくらい切れば角をうまく回れるかという内輪差、外輪差などもその論理がよく理解できたのです。これからはますます車の高性能化も進み、自動運転車ともなれば運転する人は車の仕組みを理解する必要すらなくなるかもしれません。

それはある面では便利かもしれませんが、目の前にある物体が動いている根本的な論理を知る機会を、失わせることにつながるのではないかと思います。


東工大の改革を考えるため、同僚の先生方とアメリカのマサチューセッツ工科大学を視察したことがあるのですがその際にも、手を動かすことの重要性を思い知りました。先端技術といえばもっぱらコンピュータの中で生まれるもののように思ってしまいがちですが、大学には木工室が充実していました。

そこには工具や材料がそろっていて、学生たちは手で図面を引いてのこぎりを使い、くぎを打ち、さまざまな作品を作り出していました。

もちろん、その作品がすぐに何かの役に立つわけではありません。しかし実際に作ってみる、発想を自由にして手を動かしてみることの重要性を、マサチューセッツ工科大学は大事にしているのです。

その証拠に、マサチューセッツ工科大学の校章のデザインは、右側に本を持つ人、左側にハンマーを持つ人が描かれています。これは理論と実践を重んじるという学風を象徴しているそうです。知識偏重、経験偏重ではない、両方が合わさって初めて意味があるのだということを表していると言えるでしょう。

陰謀論に巻き込まれる人

最近、厄介なのは何か知りたいと思った時に、本を参考にするのではなく、まずはインターネットで調べる人が多くなったことです。もちろん手軽に、さまざまな情報が出てくるから便利であることは間違いありません。しかしそこには落とし穴もあります。

前の章で、ググるだけではなかなか身につかないという話をしましたが、それだけでなくネット検索では情報がずらっと出てきてしまうため、それを精査する能力が必要になってくるからです。

特に問題になっているのは、陰謀論や偏った情報を広める動画を信じ込んでしまうという傾向です。「誰も知らない○○」「テレビや新聞が報じない△△」といった触れ込みの動画を見て、「ほかの人が知らない情報を、自分は知ってしまった！」と刺激と優越感を得てしまうのです。しかも悪いことに、一度その手の動画をクリックすると、同じような動画が次々に再生されるので、導かれるように「その世界」に入り込んでしまうのです。

エコーチェンバー、つまり狭い部屋の中で音が反響するように、ネットという本来は開かれた情報環境の中に、アルゴリズムによって閉ざされた環境が生じます。そして一定の方向の情報だけが反響し続けている状態に陥ると、ほかの意見や情報が耳や目に入ってきません。

次々に類似の情報が表示されるので「こうした意見が一定程度、世間には存在するんだ」と思ってしまうわけですが、実はアルゴリズムで似たような情報が表示されているだけなのです。「新聞やテレビではこんな情報は教えてくれない！」というのがネット情報の売りになることも多いのですが、正しさは担保されているわけではありません。

こうした情報にからめとられてしまうと、次第に何が正しい情報で、間違っているのかの判断ができなくなってしまいます。

特にワクチンを過剰に危険視したり、「がんという病気は存在しない」「やたら薬を勧める現代医療は、製薬会社の陰謀の結果である」といった医療に関係する陰謀論にはまってしまったりすると、自分や家族の寿命に影響を与えかねません。

どこかの段階で物事を論理的に、客観的に判断する力を身につけておかないと、こうした動画に騙されてしまうことになります。

そうならないためには、「この動画を見ればすべてがわかる！」というようなことを訴える動画はまず疑ってかかること。ネットで情報を得るにしても、新聞社が配信しているものを選びましょう、というごく常識的なアドバイスをするほかありません。

私が全国紙・地方紙を毎日読む理由

知っていれば人と差のつく情報を得たい、という思いは誰しもが持っているものかもしれませんが、何も特別なことをする必要はありません。

例えば新聞を読む。あまりに普通過ぎると思われるかもしれませんが、ネット上に溢れている大量の、真偽不明の情報に惑わされるよりも、これと決めた新聞を読み続けているほうが、ずっとリテラシーを身につけられる状況になっています。

私は全国紙4紙（朝日新聞、毎日新聞、読売新聞、日経新聞）のほかに、地方紙の河北新報、信濃毎日新聞、京都新聞、中国新聞、高知新聞を購読しています。地方紙は送ってきてくださるので、いずれもなるべく毎日目を通すようにしています。

地方紙を読む目的の一つは、やはりその地方の色を紙面から読みとることです。

河北新報を読めば、東日本大震災の復興の状況が分かりますし、中国新聞なら世界の核議論の模様に紙面を割いています。京都新聞なら外国人観光客が殺到しているので、インバウンドの影響を取り上げるといった特色があり、全国紙とは違った視点を持つことができます。

もう一つは、共同通信配信のニュースが読めることです。

共同通信が配信するニュースの一部はウェブでも公開されていますが、基本的には契約している会社にしかニュースを出していません。一方、地方紙は、地元のこと以外は共同通信が配信するニュースから選んで紙面に掲載しているため、共同通信のニュースを読むためには地方紙を読む必要があるのです。中には、共同通信が配信した社説をそのまま自紙の社説として掲載している新聞もあるほどです。

共同通信の記事を利用している地方紙の中でも面白い取り組みをしているのが中国新聞です。中国新聞は夕刊をやめた代わりに、火曜から日曜の週6日、「中国新聞ＳＥＬＥＣＴ」を配達するサービスを始めています。

地元のニュースはもちろんですが、ほかの地方のニュースや、共同通信が配信している大量の国際報道を利用して、まさに編集者がセレクトした記事を掲載しています。

「新聞って、紙に印刷してくれるサービスがあるらしいですよ」

全国紙だけでなく地方紙まで入れた複数の新聞を読み比べしている人なんて、もはや少数派になっているでしょう。以前は一般家庭でも全国紙と地元の地方紙を1紙ずつとか、全国紙か地方紙のどちらかに加えて日経新聞、といったように新聞を2紙以上取っているというケースは少なくなかったのですが、今は「ゼロ紙」、つまり新聞を一切購読していないという家庭も増えてきています。

実は2023年、ついに世帯当たりの新聞購読数が0・49部という数字になりました（日本新聞協会）。これは、新聞が二世帯に1部以下程度しか購読されなくなったことを示しています。世帯だけで見ても、新聞を購読している側がとうとう少数派に転落してしまったことになります。

それどころか、若い人との会話の中で「新聞って、紙に印刷してくれるサービスがあるらしいですよ」なんて耳を疑うようなことを言う学生もいました。新聞社とはウェブ上にニュースを配信する母体のことだと思っていて、紙に印刷して配られるほうが本体だという認識がないのです。

幼稚園や小学校の工作のために「おうちから新聞紙を持ってきてください」と言っても、新聞を取っていないから持ってこられない、という話もあるようです。ほかでもない朝日新聞の記者が、〈子どもの保育園で、古新聞を持ってきて欲しいと呼びかけがあった。遊びに使うが、読む人が減り入手が大変らしい〉（2024年9月15日付、高重治香記者）と書いていました。

アルゴリズムを自分で育てる

そんな状態ですから、特に若い世代は子供の頃から家で新聞を読む習慣がありません。親が読んでいる姿を見たことのない若者もいることでしょう。

学生の中で紙面ビューアーなどで新聞記事を読んでいるのはかなり「意識が高

い」ほうで、スマートニュースやLINEニュースで流れてくる短い単体の記事を、その都度読む形で新聞社の報道に触れているというのが大半ではないでしょうか。

いや、50代の方でも、もはや新聞を読んでいないという人のほうが多くなりつつあるのかもしれません。

新聞を紙で読む楽しみといえば、東スポ（東京スポーツ）。記事そのものはネットでもよく見かけますが、紙面ならではの仕掛けがあります。「宇宙人発見」という見出しの下に小さく「か？」と書かれているといったもので、駅や売店で見かけるこうした楽しみも、もはやノスタルジーの域に入りつつあります。

紙の新聞には一面の記事から政治面、国際政治面、社会面、文化面、生活面とさまざまなジャンルの記事が掲載されています。

ネットのニュースはユーザー、つまり読者の趣味嗜好に合わせてアルゴリズムが記事を選んでくれますから、なにげなく芸能ゴシップニュースをクリックすると、芸能ニュースばかりが上位に表示されるようになってしまいます。

大切なのは、アルゴリズムに勝手に情報環境を作られてしまわないようにすることです。

例えば、意識的に国際ニュースや経済の記事をクリックして、本来、自分が読みたかった多様な記事が表示されるように調整するのです。いわば、アルゴリズムを育てて、読みたい記事、必要な記事がきちんと表示されるよう「教育」する必要があるということです。

それをしないでニュースや記事の選別をアルゴリズム任せにしていると、意識的に情報を自分の必要に応じて選択している人と比べた際に、情報の質に大きな差が出てしまう。これがひいては情報格差、教養格差にもなりかねないということです。

第3章

生きるための教養

日銀は為替介入に直接かかわっていない

ニュースでよく目にする日本銀行（日銀）について、何をしているところなのか説明できるでしょうか。

「日本銀行券、つまり紙幣を発行している」ことは、知っていると思います。では「政府・日銀が2兆円規模の為替介入」などという報道を見た時に、日銀の役割とはどのようなものか説明して、とあらためて言われると、口ごもる人は少なくないのではないでしょうか。

日銀の役割については、中学校で学びます。大人になって経済の仕組みや為替介入のニースなどを目にするようになってからであれば、日銀や銀行の役割についても具体的に想像しやすく、知識としても教養としても身につきやすくなりますが、中学生の頃に教わっただけでは、おそらくピンとこない人がほとんどでしょう。

為替介入について言えば、実は日銀は単にお金を出し入れしているだけで、実際には為替介入には直接かかわってはいません。日銀はいわば「政府の銀行」ですから、政府が介入する、つまりドルを売買する手続きを実行するだけなのです。

日銀には三つの役割があり、発券銀行としての役割、政府の銀行としての役割、そして銀行の銀行としての役割です。

発券銀行は先にも述べた紙幣を発行する役割。政府の銀行とは、国民が納めた税金を、政府が日銀に預金していることを指し、銀行の銀行というのは、私たちが利用する一般の銀行が日銀に預金できる仕組みを指しています。

為替介入などでは、日銀はこの二番目の「政府の銀行」としての役割を果たして、言われた通りお金を出し入れしているのみ。そして、金融緩和の際には日銀が、各銀行が持っている国債を買い上げることでお札を発行し、国債と引き換えにお札を得た銀行が人々に貸し付けることで世の中にお金を潤沢に供給することになります。

不景気で銀行からお金を借りる人がいない場合には、銀行は政府から国債を買って利子を得ているのです。

中学生の時点では、あるいは学生のうちは、まだ金融や銀行の仕組みに対する理解が実体を伴っていないので、民間の銀行は私たちから預かったお金を大事に金庫にしまっていると思い込んでいる場合があります。

実際には、銀行は預けられているお金を運用することで利益を生んでいます。貸し付けた金利と、預金者に払う金利の差分から、銀行員の給料を出しているのですが、大学生からは「知りませんでした」と言われることもあります。

「信用」を演出している銀行

ついでに言うと、学生には「担保」という言葉もどうもピンとこないようです。お金を借りる際には、銀行はただでは貸してくれません。担保を差し出す必要があり、マイホームを買う際のローンは、いざ払えなくなれば土地や建物を取り上げて結構です、という約束をしていることになります。

逆に銀行に預金を預ける時には、君たちは銀行に対する信用を担保に、銀行にお金を貸していることになるんですよ、と言うと、みんな驚くのです。預けたら預けたっきりだと思っているからで、貸しているという意識がないのです。実際には、銀行は預金者から預かったお金を運用して、利益を得ているにもかかわらずです。

では預金者は何を担保に銀行にお金を貸しているかと言えば、信用です。だから銀行は立派な建物を造り、行員はきちんとネクタイを締めたり、制服を着たりして「信用」を演出しているのだ、と話します。


また日銀が政府の銀行であるからこそ、私たちが直接、日銀にお金を納めなければならなくなる事態もあります。それは交通違反の罰金を払い込む際で、これは日銀が政府の銀行であればこそ払ったお金が最終的には日銀に納められることになるのです。

「いや、払い込みは銀行や郵便局でできるじゃないか」という経験者の声が聞こえてきそうですが、なぜ銀行や郵便局を通じて日銀に払い込みができるかと言えば、これらが日銀の「代理店」になっているからです。

代理店として、日銀の代わりに皆さんからの罰金を受け入れているんですね。もし、交通違反の罰金を払う機会があったら、「このお金は日銀にいくんだな」と意識してみてください。

日銀や銀行のほかにもう一つ、「実はよく分かっていないこと」の例を挙げれば選挙制度などもそうではないでしょうか。三権分立から始まる国家の統治機構についてはもちろん、選挙における「小選挙区比例代表並立制」とは何であるか、これについてもやはり中学校で学んでいるはずです。

しかし学んだ時には、自分自身の興味とはまったく関係なしに教えられるだけですし、「選挙なんて、自分たちが参加するのはまだまだずっと先」と思っていれば、学びになかなか実感が伴いません。

地域によっては学校で模擬投票を実施したり、生徒会選挙で立候補、選挙演説、ポスター貼りなど一連の選挙運動を学んだりするところもあるようですが、一事が万事、学校で習うことはあくまでも「そういう仕組みになっている」ものとして単語を覚えるだけになってしまいがちです。実感が伴わない学びは、やはり身につかないのです。

抽象論や理論から入るから分かりづらい

その点、社会人になってからの学びは、実生活との接点も多く、何よりも能動的に自分から「改めてきちんと知っておきたい」と向き合うところに大きな違いがあります。やはり自ら興味を持つ、関心を持つという姿勢が、学びには必要不可欠と言えるでしょう。

こういった具体的な経験や知識があれば、日銀という存在や役割についてもイメージしやすくなるのではないでしょうか。

現在、私は複数の大学で授業を持っていますが、学生たちに教えてみてよくわかったのは、一部の大学教授の授業は抽象論や理論から入るから分かりづらいのです。自分との接点がある具体的なところから話を始めてくれれば、とっつきやすく想像しやすくなる。学校での学びが身につかない、知識として、あるいは用語として聞いたことはあっても実体としてつかみ切れていないのは、説明の仕方、学び方に原因があるのです。

大学で学生たちに教えていて、何よりも感じるのは「分かる！」という経験を得ることの重要性です。

学生の中には、大学に入るまでこの「分かる！」という実感を得たことがないまま、小中高での授業を経て大学に辿り着いたという人がいます。中には、「授業なんて、どうせ聞いても分からない」と、単に出席しているだけで授業の内容が居眠りのためのＢＧＭのようになってしまっている学生もいます。

自分の興味関心と接点のない抽象論を延々と授業で聞かされるので、ますます聞く姿勢を失っていくのです。

しかしそういう授業こそ私の出番。学生たちに、どのような切り口から話を始めれば関心を持ってもらえるかを考え、分かりやすく説明するのが私の仕事だと考えているからです。

宗教的な理解不足が原因のトラブル

例えばある大学で、宗教と経済活動の関係性について説明する授業がありました。

この時には、かつて味の素がインドネシアに進出した時の事例から話を始めたところ、学生たちの目が輝きだしたのです。

インドネシアで味の素の現地法人の社長と工場長が逮捕されるという事件がありました。理由は、味の素を製造する過程で一部豚由来の酵素を触媒に使う工程があったこと。インドネシアは豚を食べてはいけない、という戒律を持つイスラム教徒が多いのです。

豚やアルコールなど、禁じられている食物を使っていない製品や料理はハラルと呼ばれますが、触媒であっても豚由来の酵素を使っていた味の素は、イスラム教の基準ではハラルには該当しません（禁じられた食材は「ハラム」と呼ばれています）。

にもかかわらず、そのことを書いていなかったので消費者保護法違反に問われて逮捕されることになったのです。

もう一つ、中東ではタイヤメーカーがやはり宗教的な理解が足りずにトラブルを起こしたことがあります。

新商品のタイヤを中東に輸出したところ、タイヤの溝の模様が「アラー」のアラビア文字表記に似ているとして非難を受け、回収することになりました。イスラム社会において、アラビア文字は神様がムハンマドに神の言葉を伝える時に使われたものですから、それをタイヤに刻むとは何事だ、となったというわけです。

現地の情勢、特に宗教上のルールを知らないでいると、経済活動をしているだけでも思わぬトラブルに巻き込まれることがある。そうした具体的な事例から入ると、学生たちは「へえ、そうなのか」と、宗教と経済活動の関係性について理解するためのとっかかりを得ることができるのです。

学ぶうえでは、「いったいこれが何の役に立つのか分からない」というところから始まってしまうと、能動的に学ぶ姿勢や理解を阻害することになってしまいます。「こんなことを勉強しても将来、何の役にも立たない」「だから学ぶ必要がない」と。

しかし「君たちがこれから社会に出て働くうえで、これくらい知っておかないと大変なトラブルに発展するかもしれないよ」という入り口を用意することで、まずは興味や関心を引くことができることがあります。

エピソードから入り、学びを「自分ごと」にする

さらに、「宗教と経済活動」という硬いテーマを掲げると「どうせ自分には理解できない」と思ってしまいがちだった学生の姿勢も、エピソードから入ることによって変えることができる。「そういうことだったのか！」と理解できたという体験は、その後の学ぶ姿勢に大きな影響を及ぼすのです。

こうした姿勢を引き出すには、学生側だけでなく教える側のアイデアも必要です。

学生に分かってもらおう、興味を持ってもらおうと、芸能ニュースや流行りのフレーズを話の枕、つまり冒頭に入れ込んで、関心を引く。いわゆる「つかみ」というやつですね。

そのうえで分かりやすい解説をする。そのためにどうするかと頭を悩ませていますし、学生から思いもよらない本質的な質問が飛んでくるからこそ、私自身も新鮮な気持ちで物事を説明する姿勢を保てているのです。


いわば、学びを「自分ごと」にすることが重要です。

その点で言えば、だからこそ社会人になってからの学び、中高年になってからの学びには大きな意味があるのです。

ある程度、社会経験を積み重ねてきたうえであれば、分からないこと、理解できないことが具体化されていますから、そのうえでの学びが実体を持ち、生きてくる。長く生きれば生きるほど、社会において、あるいは仕事上の「自分ごと」は増えているはずです。

しかも学生時代の「何の役に立つのか分からない」状況から、「役立てる方法を知っている」状態に変化している、とも言えるでしょう。

先々を予測する力になる

知識や教養の蓄積は、先々を予測する力にもなり得ます。

私の場合は、例えばアメリカの選挙について。2016年の大統領選でトランプがまさかの勝利を手にするまでは、アメリカの政治システム、選挙の仕組みを一生懸命、本を読んで勉強していました。

そこへ当初は泡沫《ほうまつ》候補だと思われていたトランプが当選したことで、「アメリカではいったい何が起きているのか?」を考える必要が出てきたのです。そこでアメリカ社会が人種や階層、州などさまざまな要素によって分断されていることが分かってくる。これまで蓄《たくわ》えた知識をもとに現地で取材を重ねたことで、2020年や2024年の大統領選挙の解説や見立てに役立ったというわけです。

あるいは2010年に文庫版を出版した『池上彰の大衝突――終わらない巨大国家の対立』（集英社文庫）では、歴史を踏まえたうえでの近未来予測をしています。ここに掲載した二つの予測が現実のものとなりました。

一つは中国が南シナ海でフィリピンと衝突する、というもの。もう一つはロシアとウクライナがクリミア半島をめぐって紛争になるというものです。いずれもニュースとしては驚きをもって受け止められたものですが、実はよくよく歴史的経緯や経済的背景、国際情勢を見ると予測可能なものだったのです。

あれこれと本を読んで勉強しては、この先どのようなことが起きるのだろうと思いを巡らせ、自分なりの予測を立ててみるようになり、ついには『池上彰の未来予測After 2040』（主婦の友社）という本まで書いてしまいました。

もちろん、予測をしたからといってなかなかその通りにはなりませんが、これからまだまだ社会で活躍する50代には、知識や教養の蓄積と、そこから想像力を働かせる未来予測の能力が必要になるのではないでしょうか。

「本当にそうなのかな」と考えてみる

21世紀に入ってから加速度的に技術が進歩し、AIに仕事を奪われるという懸念も、決してSFの世界の話ではなくなってきました。

知識についても、単に知っているだけではAIはおろかGoogleにも勝てなくなってしまいますから、人間はむしろ自分で問いを探しだしたり、単に言われたことをそのままするだけでなく、付加価値をつけたり、そもそもその指示自体が妥当なものなのかを考えたりするような能力、問いを立てる能力も必要になってきます。「上司に言われたからやりました」という指示待ちの姿勢では、仕事の喜びを得られないだけでなく、仕事そのものにありつけない時代になりつつあるのです。

よく言われるように、若いうちに接した技術は吸収が早い一方で、年を取ってから初めて接する技術は使いこなせないまま終わってしまいます。しかし、50代は「もうついていけない」とあきらめてしまうにはまだ早いのではないでしょうか。

学生たちには「ＡＩを自由に使う側になるか、それともＡＩに使われる奴隷になるか、それを学ばなければならない」とよく話しています。同様に、50代を過ぎても、テクノロジーの奴隷にならないようにしたいものです。

ＡＩの奴隷にならないためには何よりも、単に受け身でいるのではなく、能動的に考えることが求められます。時には提示されている情報が「本当にそうなのかな」と一歩立ち止まって考えるような能力は、子供はもちろんですが50代を迎える世代にも当然、必要です。

ＡＩなどは特に、ツールの域を超えた能力を持っていますから、どの年代であってもどういうものかを把握し、危険性や能力を知っておく必要があります。

私の名を騙《かた》った投資詐欺の手口

そうでないと、ＡＩなどの技術を駆使した情報の罠に、あっという間に引っ掛かってしまうこともあるからです。

引っ掛ける側は、ある程度裕福でネットやアプリも使える、投資に対する興味もあるけれど、ＡＩに対する警戒心が薄い世代を狙っています。

例えばＡＩを使った投資詐欺。私も勝手に名前を使われて大迷惑をこうむりました。「池上彰がアプリで指南する投資グループ」を名乗る詐欺集団が、中高年を騙し、億単位のお金を騙し取ったという事件が起きています。

手口はこうです。詐欺グループは投資に関心を持っている小金持ちをＬＩＮＥのグループに誘導します。

「あの池上彰先生が直々にアドバイスしてくれますよ」という触れ込みで、「参加した人たちはこんなに儲かりました」と嘘の情報を信じ込まされてしまう。「私も同じように儲けたい」と考えて参加すると、池上彰のアイコンを使ったＡＩが返事をしてくる。「今ならこの株がいい、だから急いで１００万円入金してください」などと言って、お金を巻き上げるわけです。

こうした私の写真や名前を使った詐欺が存在すると知って、ＴＢＳのニュース番組で「本人直撃」を行ないました。一つのグループは「私は池上本人です」と言ったらアカウントがすぐに削除されたのですが、もう一つのグループには、他人のふりをして接触してみました。

「池上さんと、どこで知り合ったのですか?」と質問すると、アシスタントを名乗る女性のアカウントが「野球会です」と返してきます。この時点で日本語がおかしいですよね。「野球ですか。池上さんはどのチームのファンですか」とさらに質問すると、「東京読売ジャイアンツと聞いています」と答えてきました。この答えは不自然ですね。

私はそもそも（広島東洋）カープファンですし、好きな野球チームを聞かれたら普通は「巨人です」とか「ジャイアンツです」とか答えるでしょう。

おそらく、外国人が翻訳アプリを使ったか、生成ＡＩで回答しているため、間違っているうえに不自然な回答が表示されたのでしょう。

大金持ちは、資産を増やそうとしない

こうしたやり取りに違和感を覚えることができれば、詐欺にも引っ掛からないはずです。そもそも「池上彰が投資情報を売るだろうか」と考えたり、それこそニュースを検索してみるくらいの努力はしてほしい。これは教養以前の常識の範疇《はんちゅう》かもしれませんが、そんなに簡単に儲かる話は転がっていません。

中高年になると、老後の資金が足りるのかと不安になって、「もう少し手堅く増やしておきたい」と考えるからこそ、こうした詐欺に騙されてしまうのでしょう。詐欺グループは、そうした中高年の心理をよくよく見定めています。

大学の授業でよく教えるのは、「大金持ちは資産を増やそうとは考えない」というヘッジファンドが生まれた経緯にまつわるエピソードです。

ヘッジとは生垣という意味です。元々ヘッジファンドは戦争が起きるたびにインフレが生じていたヨーロッパで、大金持ちが「資産を増やす必要はないが、先祖か

ら受け継いだものを減らしたくはないので、減らさないように運用してほしい」と頼んだことから生まれたものなのです。

減らさないように運用していたらお金が増えてしまうことがあり、それを見た小金持ちが「ヘッジファンドにお金を預ければ楽に増やせるのだろう」と預けるようになったというわけです。

つまり、お金を増やすために運用を考えるのは小金持ちで、儲けたい気持ちが強い分、詐欺にも引っ掛かりやすいということになるわけです。

また、詐欺の手法というのは大昔から続いてきたもので、詐欺師は手を変え品を変え、誰かを騙そうと狙っています。

新しい技術が出れば、どうすれば詐欺に使えるかを考える。ＬＩＮＥや生成ＡＩもまさにそうです。簡単に儲かるように見える方法は、簡単に人を騙せる方法にも使えるのだ、ということを知っておくことが、いわば常識であり教養と言えるかもしれません。

もし詐欺に引っ掛からないための教養を一つだけ、教えるとしたら「本当にいい儲け話を知っている人は、人には話さない」ということ。絶対に儲かる儲け話など、この世の中に存在しません（そんなものがあれば苦労しません）。

詐欺の儲け話になぜ人が引っ掛かるかと言えば、自分だけが儲けたいと思うために他人に相談しないからです。

誰かに相談すれば「その話、ちょっとおかしいんじゃないか」「本当に大丈夫か？」と聞かれるはずですが、多くの人は夫に内緒、妻に内緒、家族に内緒、友人に内緒で儲け話に飛びついています。

言語は単に会話の道具ではない

ＡＩで消える仕事で話題になるのが翻訳や通訳の仕事です。

機械翻訳の性能が格段に上がっていることで、外国語が身についていなくても、ウェブ上やツール上で翻訳して文章を読むことができる。Google でもそうした機能を提供していますし、Googleレンズで外国語のメニューを読み取れば、日本語訳が表示されるというような便利な機能も発達してきました。

さらにはDeepLのような翻訳機能を持つツールが登場して、長く専門的な文章でも違和感なく翻訳できる技術も登場するなど、まさに日進月歩の歩みを見せています。あるいはChatGPTを使って英文を入れれば、こなれた日本語に翻訳した文章を生成してくれるでしょう。

では、言語の教養はもう要《い》らないのか、と言えば、決してそんなことはありません。言語は単に翻訳できればそれでいいというものではないからです。

例えばユダヤ人、特にイスラエル国内在住者にとって、言語は単に会話のための道具ではなく、アイデンティティにさえなっています。

ユダヤ人は、ローマ帝国とのユダヤ戦争に敗れ、ディアスポラ（大離散）でパレスチナから追い出され、それぞれの地に散らばって生活する過程で、それぞれの国や地域の言葉を使うようになりました。ユダヤ教の律法書・トーラーだけは、元々ユダヤ人が使っていたヘブライ語で書かれていたのですが、ヘブライ語はいわば古語であり、しかも書き言葉でした。

そこでユダヤ人がイスラエル国家を建国しようというシオニズム運動を始める際に、イスラエル国内で使える口語表現が必要だと考え、古代のヘブライ語を話し言葉に直したり、近代的な用語を作ったりして、現在のイスラエルの人たちが使っている新しいヘブライ語が誕生したというわけです。

いわば、ヘブライ語はユダヤ人にとってのレゾンデートル（存在意義）であり、アイデンティティになっているのです。

私は京都外国語大学の入学式で毎年、講演を頼まれるのですが、その時にはこの話をしています。言語はその国や文化を重んじる人たちにとってのアイデンティティであることを示す事例だからです。

京都外国語大学の学生は、各地の言語を学び、研究を深めるために進学してきています。機械翻訳、ＡＩによる翻訳が驚異的な進歩を見せる時代にあって、なぜ言語を学ぶ必要があるのか？　学生たちにはそのことを考えてほしいからです。

言葉は思考を司るもの

これはイスラエルだけに限りません。言語を巡るアイデンティティの問題は、現在の国際情勢や世界を考えるうえでも大きな影響を及ぼしています。

1983年に始まり、実に26年も続いたスリランカ内戦。これも言語を理由に勃発したものです。

スリランカの北部に住むタミル人は国内の総人口の二割を占めており、タミル語を話すのですが、総人口の七割を占めるシンハラ人がシンハラ語を公用語にしたことに対して反発。内戦に発展します。

たかが言語ではないかと思うかもしれませんが、公用語になるということは、その言葉を話せないと公務員試験を受けることもできないという実利面での不利を被《こうむ》るだけでなく、公用語から外される側のタミル人としては、「我々の文化を抹殺するつもりだ」と受け取ったのです。

怒ったタミル人は「タミル・イーラム解放の虎」という武装組織を結成。イーラムとは国のことで、なぜ「解放の虎」かというと、シンハラ人は「獅子（ライオン）の末裔《まつえい》」だという伝承があるため、獅子に勝てるのは虎だと考えたからだそうです。

言葉は思考を司るものであり、文化そのものでもあります。命を懸けても言葉を守ろうとする人たちがいるという世界の現実を、言語を学ぼうとする人には知っておいてもらいたいのです。

ウクライナの隣国・ハンガリーが冷淡な態度の理由

もう一つ、例を挙げましょう。

2022年2月にロシアから侵攻を受けたウクライナに対し、ウクライナの隣国ハンガリーは冷淡な態度を取り続けています。それはなぜでしょうか。

実は2014年、ウクライナがウクライナ東部に住むロシア語を話す住民に、公用語であるウクライナ語を使うよう強要したことに始まります。

さらにウクライナ西部に住む、ハンガリー語を使う住民にもウクライナ語を強要したことで、ウクライナはロシア系住民、ハンガリー系住民との間で摩擦を生じさせることになったのです。

結果、2014年にウクライナ東部でロシア系住民が反政府闘争を始めて、内戦が起きてしまいました。ロシアに「ロシア系住民に対するウクライナによる迫害から彼らを守る」という口実を与えてしまったからです。

ロシアとウクライナは旧ソ連の一部で、ハンガリーも旧ソ連の支配下にあった国ですが、ウクライナ西部にハンガリー語を話す住民が住んでいる理由はそれだけではありません。さらに歴史をさかのぼり、オーストリア＝ハンガリー帝国の時代に、広くハンガリー語を使う圏が広がっていて、ウクライナの一部にもまたがっていたのです。

オーストリア＝ハンガリー帝国については「ああ、世界史で教わったな」と思い出す人も多いでしょう。そうした世界史の知識があれば、歴史上の出来事が現在の国際情勢にも大きな影響を及ぼしていることが見えてくる。言語は、単に翻訳できて意味が分かればいいというものではないことも分かってくるでしょう。

英語が話せる、だけでは意味がない

これは何も、外国語大学に通う学生だけに限らない話です。

語学を身につけたい、特に英語を話せるようになりたいという思いは、社会人になってからのほうが強まるもので、ビジネスパーソン向けの雑誌などでもしきりに「英語習得術」などの特集が組まれています。さまざまな職務に当たる中で、旅行だけでなく、仕事で英語を使えたらと思う場面に何度も出くわすからです。

しかしビジネスの場面であっても、「単に英語が話せる」だけでは意味がありません。むしろ、ビジネスの場面でこそ、まさに教養が必要になるのです。

どういうことかというと、海外のエリートはちょっとした会話の中にも自国の歴史や文化を盛り込むものですし、異国の人に会えばその国の文化について知りたがるものだからです。特にパーティなどで不特定多数の人とちょっとした会話をする際などには、こうした知識とそれを表現する英語力が求められます。

ところが日本人はビジネス英会話といえば、本当に仕事に関係する英語しか覚えていないうえ、そもそも教養が身についていないために英語で自分の国の歴史や文化を説明することができない。英語で話す以前に、日本語ですら話すに足る教養がない——。これは先方から見れば、ビジネス相手として致命的な問題です。

アメリカや中国の政治家の演説を見ると、歴史的な逸話や聖書、古典のフレーズなどを盛り込んだものが少なくありません。

2022年のロシアによるウクライナ侵攻後にゼレンスキー大統領がイギリス議会で行なったスピーチは、チャーチルが第二次世界大戦時に行なったスピーチを踏まえたものでした。これがイギリス人の心をつかみ、イギリスのウクライナ支援を勝ち取ることができたのです。

翻《ひるがえ》って日本の政治家の演説はと言えば、近年「名演説」と言われるようなものにはお目にかかっていません。果たして日本の首相や閣僚たちは、首脳会談やG7、国際会議などの場で教養溢れる会話を各国の首脳と交わすことができているのか。はなはだ心もとない状況です。

弾けてようやくバブルだったと認識する

もっと身近な問題で、歴史を知ることが自分の身を助けることもあるでしょう。例えば、2024年現在、東京都内の不動産価格が高騰して、バブルの様相を呈しています。新築マンションが平均で一億円以上、という、驚くような価格になっているのです。

しかし日本では、1990年代に不動産バブルが大きく膨らんで弾け、長い不況に突入するという事態を経験しています。それなのになぜ、またバブルが起き始めているのか。実はバブルというのはおよそ30年ごとに起きると言われています。というのも、一度バブルが弾けると、痛い目に遭った人はもうこりごりと不動産取引や株の売買に手を出さなくなります。

しかし30年たって世代が入れ替わると、「儲けられる話には乗っておこう」と考える人たちが投資や投機を繰り返し、再びバブルを作り出してしまうのです。バブルというのは、膨らんでいる時にはそれがのちに弾けるものだとは誰も思っていません。弾けてみて初めて、「ああ、これは実体経済が伸びた結果ではなく、バブルが膨らんでいただけだったんだ」と気づくことになるのです。

考えてみればわかることです。日本は少子高齢化の時代に突入し、人口減少の局面に差し掛かっています。住む人が減るのに、どうして不動産が高騰するのでしょうか。

もちろん海外からの投資が入ってきている面もありますが、不動産価格が高騰してマンションやビルの空き室が取引されているのに、誰も住んでいないという状況も起きています。

つまり、住居や事務所として使うための実体のある取引ではなく、取引のための取引が行なわれ、価格がどんどん上昇しているのです。

「愚者は経験に学び、賢者は歴史に学ぶ」

象徴的なのが、東京五輪の際に選手村として使われた晴海フラッグです。東京五輪のあとに一般に売りに出され、ものすごく人気があったために抽選になるほどでしたが、入居が始まってから気づいてみると、多くの部屋が真っ暗で、住民が異様に少ない。実際に晴海フラッグで生活している人たちが、「人気の不動産なのに、どうして誰も住んでいないのか」「夜になると暗い部屋が多くて不気味だし、治安も心配だ」と感じるほどだったのです。

そこでNHKの「クローズアップ現代」のチームが登記簿を取って調べてみたところ、特定の法人が複数の部屋を登記していることが分かりました。

つまり、住むために抽選に応募したのではなく、最初から高値で転売するために応募していた人たちが存在した、というわけです。

公営住宅ですから破格の安さで売りに出されたのですが、これをすぐに転売して倍以上の値段で売るというマネーゲームの投機対象になっていたのです。

これを見て、私はまさに１９９０年代のバブルの頃を思い出しました。

実体のないマネーゲームとしての不動産取引の結果が、バブルを生み、そして崩壊し、長い不況を招いた歴史です。そのことを忘れてしまったのか、「自分だけは売り抜けるから大丈夫」と思っている人たちが殺到した結果なのか、それが今の不動産価格の高騰なのではないか、と考えてしまいます。

歴史に学ぶ目があれば、不自然なほどの不動産価格の高騰に「これは何かおかしいぞ」と気づくことができる。バブルの熱気に当てられて痛い目に遭うことも回避できるでしょう。

ドイツの「鉄血宰相」と呼ばれたオットー・フォン・ビスマルクの有名な言葉に「愚者は経験に学び、賢者は歴史に学ぶ」というのがあります。バブルで痛い目に遭った経験がなく、歴史に学ばない人はまたバブルに踊り、過去の過ちを繰り返すことになりかねません。

第4章

宗教・古典こそ教養の源

新約聖書の「真理」とは

国立国会図書館（東京本館）のホールには、「真理がわれらを自由にする」という銘が掲げられています。これは新約聖書（ヨハネによる福音書8：32）の「真理はあなたたちを自由にする」という言葉に由来するもので、ホールには日本語の銘だけでなく、ギリシア語でも〈Η ΑΛΗΘΕΙΑ ΕΛΕΥΘΕΡΩΣΕΙ ΥΜΑΣ〉と刻まれています。

新約聖書がいうところの「真理」とは、もともとはイエスの言葉を指します。「イエスの言葉は、あなたを自由にする」、という意味からさらに広がって、一般的な意味での「真理」、つまり変わることのない正しい物事の道筋としての真理について、「あなたたちを自由にする」「私たちを自由にする」という一文として人口に膾炙《かいしゃ》するようになりました。

国立国会図書館のホームページには、この銘についての説明が書かれています。

それによると、国立国会図書館法案が議決された昭和23年2月4日の衆・参両議院本会議で羽仁五郎《はにごろう》参議院図書館運営委員長はこう述べているそうです。

「従来の政治が真理に基づかなかった結果悲惨な状況に至った。日本国憲法の下で国会が国民の安全と幸福のため任務を果たしていくためには調査機関を完備しなければならない」

戦前への反省が、こうした銘を国会図書館内に掲げることにつながったのですね。

国会図書館は本来、政教分離に基づき特定の宗教に依拠するものではありません。にもかかわらず、それでも聖書に由来する言葉を掲げているのはなぜかといえば、国立国会図書館が設置された頃の知識人にとって、聖書は教養の一つだったからかもしれません。

また、「真理」という言葉が聖書から発したものでありながら、一般的にも使われるようになったのが先の事例ですが、ほかにもこうした言葉があります。

目から鱗のようなものが落ちた

例えば、「目からうろこ」。知らないことを知って、「ああそうだったのか」と物事がよく見えるようになったことを表す慣用句で、新約聖書の中の「使徒言行録」に出てくるエピソードに由来します。

のちにキリスト教の熱心な伝道師になるパウロは、当初はユダヤ教徒として、キリスト教徒を迫害する側にいました。するとある日、目が見えなくなってしまうのですが、イエスの言葉に従ったところ、「目から鱗《うろこ》のようなものが落ち」、再び目が見えるようになったと書かれています。

「目からうろこ」はこのエピソードから生まれた言葉で、故事成語や何かのたとえではなく、聖書由来の言葉なのです。まさに、目からうろこですよね。

知らず知らずのうちに、聖書に由来するものが世の中の教養や常識として定着している。そのもっとも大きなものは1週間が7日であるというものでしょう。なぜ1週間は7日なのか。これは旧約聖書の中の創世記の冒頭に「神は六日間でこの世界を作り、七日目に休息を取られた」と書いてあるからです。

そもそも西暦自体が、イエスが生まれた時を起点にしています。あとになって、実際には4年のずれがあったとも指摘されていますが、聖書に基づく西暦だからこそ、頑《かたく》なに使わない国もあります。

日本では西暦と元号を併用していますが、イスラム教国の多くでは今もイスラム暦（ヒジュラ暦）を使用しています。これは預言者ムハンマドがメッカからメディナに拠点を移した「聖遷」の西暦622年を元年とするものです。

聖書は世界一のベストセラー

国際化や多様化が進んでいる現在、やはり教養として聖書くらいは読んでおきたいものです。

十字軍の遠征のように、宗教は世界史を大きく動かしてきました。世界の国旗に十字のデザインが多いのは、キリスト教国だったからです。

あるいは日本がエネルギー資源を大量に輸入している中東を理解するにも、やはり宗教の知識は欠かせません。私が宗教に関心を持つのも、歴史はもちろん現在の国際情勢を見るうえで、宗教の素地が欠かせないからです。

何も信者になれというのではありません。聖書は世界でもっとも読まれている物語であり、最大のベストセラー、ロングセラー作品でもあります。映画、絵画、歴史の読み解きに聖書の内容は欠かせませんし、欧米の政治を考えるうえでも、聖書の教養が背景にあるかないかで、その見え方が変わってきます。

欧米の企業を語る際に「ＩＢＭというゴリアテのような企業に、ダビデのようなMicrosoftが戦いを挑んだ」というような表現が使われることは少なくありません。これも、聖書に由来するものです。

旧約聖書の中にイスラエル軍とペリシテ軍が対峙する際、ペリシテ軍の巨人戦士であるゴリアテに、牛飼いの少年ダビデが戦いを挑んで見事勝利を収めるというエピソードがあります。体の小さな少年が、巨人を倒すというところから、既存の大企業に戦いを挑んで見事勝利するベンチャー企業のイメージが重ねられているのです。今では、世界的企業に成長したMicrosoftこそがゴリアテになっていますが。

聖書に書かれていないリンゴ

Apple社のマークはかじられたリンゴのイラストです。デザイナーはほかの果実に間違われないよう、かじられた部分を加えたとのことですが、それを見た人の多くが連想するのもまた聖書に由来するもの。アダムとイブが蛇にそそのかされて食べてしまい、楽園を追われた知恵の実です。聖書にはリンゴとは書かれていないのですが、リンゴだと解釈されています。

映画や絵画では、聖書のエピソードや場面をメタファー（暗喩《あんゆ》）として使っているケースが多々あります。聖書の教養があまりない日本人が気づかないまま、なんとなく見ている場面にも、そうした仕掛けが施《ほどこ》されているのです。

例えば、あるイギリス映画では、主人公が自分の妻を褒める場面で、次のようなセリフを言っていました。

「ソロモンより賢く、サムソンより強く、ヨブより忍耐強い」

ソロモン、サムソン、ヨブはいずれも聖書に登場する人物で、ソロモンはもっとも有名と言っていい人物。知恵によってヘブライ王国を統治した王様です。サムソンは怪力の持ち主。ヨブは悪魔の仕業で過酷な試練を強要されながら、信仰を貫いた忍耐の人物です。つまりこのセリフは、「私の妻は誰よりも賢く、強く、忍耐強い。私の妻でいられるのだから」ということを意味しています。聖書の内容を観客が知っていることを前提に、このセリフが説明なしで使われているというわけです。

旧約聖書、新約聖書を頭からすべて通読するのはなかなか難しいですが、創世記のエピソードや、ダビデとゴリアテの話、人類史上初の兄弟間殺人事件と言われるケインとアベルの話などは、知っておいて損はありません。

キリスト教徒は、豚肉・イカ・タコも食べていい

聖書が分かりづらいと感じられるのにはいくつもの理由があります。一つは旧約聖書と新約聖書の違いが分からないという点。旧約聖書はヘブライ語で書かれたユダヤ教の経典であり、新約聖書はギリシャ語で書かれたキリスト教の経典です。

ユダヤ教にとって聖書は一つなので、あとからキリスト教の聖書ができたからといって旧約聖書と呼ばれるのはおかしいと思っているのですが、キリスト教の立場は、人間たちがイエス・キリストを通じて神と新たに契約を結び直したために「新約」と呼ぶようになったというものです。「旧訳」「新訳」と書き間違えてはいけません。

双方の比較で面白い話があります。イスラム教徒は豚肉を食べてはいけないことはかなり知られていますが、実はユダヤ教徒も豚肉を食べてはいけないし、海の生

き物も鱗のあるものに限られているので、イカやタコを食べることは許されません。

ところがキリスト教徒は、豚肉も、イカもタコも食べていいことになっています。なぜ、キリスト教徒には許されているのか、ずっと疑問に思っていました。

その答えは、実は先ほど紹介した「目からうろこ」のエピソードが登場する「使徒言行録」に書かれていました。パウロはイエスの言葉に従ったことで目が見えるようになり、熱心なキリスト教徒になるのですが、その際、籠に入ったあらゆる食べ物が天から降りてきた、という場面があります。その籠の中には、豚肉をはじめ食べてはいけないと言われていたものまで入っていました。

「こんな汚《けが》らわしいものは食べられません」とパウロが言ったところ、「神様から祝福されたものが汚らわしいとはどういうことだ」と、以降、食べてもいいことになったのです。

新約聖書の中には、四つの福音書と黙示録、ローマ人への手紙、ペテロやパウロら使徒の行ないをまとめた「使徒言行録」が入っています。それを読むと、実はキリスト教はパウロ教であることが分かります。イエスが残した言葉や行ないを、キリスト教の教えとしてパウロが集大成したからです。パウロは敏腕ライターであり、編集者だったということですね。

もう一つ、聖書を読む際にネックになるのが、まさに出だしの部分です。いよいよ聖書を読むぞ、と勇んでページを開いたはいいけれど、「アブラハムはイサクの父であり、イサクはヤコブの父……」と系譜の説明が始まるため、ここで早くも挫折してしまうのです。

しかもこの部分は、イエスの母であるマリアの夫・ヨセフの系譜について説明しているため、実はイエスとは何の関係もない話なのです。

なぜ関係ないか。イエスはマリアが処女懐胎して生まれた子供ですから、マリアの夫であるヨセフとは血縁関係がありません。論理的にはおかしいのですが、マリアの夫が由緒正しい人であることを強調しているわけです。

ユダヤ人の「知恵は決して盗まれない」という教え

ユダヤ教の経典に、タルムードがあります。

タルムードとは、古代ヘブライ語で「学習」「研究」を意味する言葉であり、ユダヤ教の口伝律法と学者たちの議論を書きとどめた議論集を指します。ぜひ読みたい、とタルムードの全文日本語訳を探しているのですが、まだ見つかっていません。

ユダヤ教徒の中には超正統派と呼ばれる人たちがいて、全部で2711ページあるタルムードを1ページずつ、約7年半かけて学ぶ宗教学校も存在します。

このタルムードが伝承されることで、ユダヤ人たちが共有する知恵や英知が次の世代に継承されています。そこからは、ユダヤ人の「知恵は決して盗まれない」という教えが見えてきます。

ユダヤ人は古代から差別され、住んでいた地も追われることになり、世界中に散らばって信仰とともに生き抜いてきました。住んでいた地を追われて離散することをギリシャ語で「ディアスポラ」と言います。ユダヤ人はそうして離散してからも、ユダヤ教の教えや習俗を頑なに守り続けたのです。

現在でもユダヤ人はビジネスに強い、特に金融業を営んでいることが知られています。これはキリスト教において金融業が卑しいものとして見られていたこと、またユダヤ人が農業から排除されていたために強まった傾向です。

差別によって土地の所有が認められないユダヤ人は、どのように資産を守り、子供たちに受け継がせるかを必死で考えてきました。

その結果、辿り着いたのが、一つはダイヤモンドの採掘。世界的ダイヤモンド企業であるデビアス社は有名ですが、歴史的に見てもユダヤ人はインドで採掘されたダイヤモンドを磨き上げ、ヨーロッパで販売してきました。

もう一つが、まさに「知恵」、つまり教育です。

迫害や追放によって、財産を築いても盗まれたり、奪われたりしてしまう。しかし知恵は決して盗まれない財産です。子供たちの教育に力を入れることにより、財産を相続させることができました。

こうして知恵を重んじてきた結果、ユダヤ人は世界の人口比率では0・2%ながら、ノーベル賞受賞者の2割を占めるに至っています。

ただし、これは「ユダヤ人だから優秀」「ユダヤ人は優れた民族」なのではなく、差別されてきた歴史の中で、盗まれない財産としての子供の教育に力を入れてきた結果、世界的な成果を残すようになったということです。特定の民族を優秀だ、劣等だとするのは、優性思想につながりますから注意が必要です。

教養とは、人間を知ることにつながる

このように、世界では宗教や聖書が教養や生きる指針、常識、あるいは社会システムを動かすための土台となっています。自分たちの祖先が歩んできた歴史を知ることもできるし、物語としても浸透している。これを教養として学ばない手はあり

ません。

日本を振り返ってみると「食べ物を粗末にしてはいけない」「お天道様が見ているから悪いことはしてはいけない」などといった素朴な道徳観はあるものの、宗教が生活の基盤になっている、あるいはその基盤を知るための聖書や経典が存在しているわけではありません。

一般の学校ではいわゆる道徳科目がありますが、キリスト教系の学校では道徳科目がない代わりに聖書を学び、仏教系の学校では仏典や仏教の教えを学ぶことになります。

また、高校になれば倫理という科目である種の道徳観や、西洋・東洋の哲学や宗教、人としての価値観などを学びますが、いずれも背景には日本固有でない宗教的な裏付けが存在しています。

戦前の日本は、神道を国家神道に祭り上げ、日本書紀、古事記を経典と位置付けましたが、戦後は政教分離が基本になりました。

政教分離を徹底し、宗教色を取り去った中で日本人としての道徳を学び、身につけるのはかなり難しいかもしれません。「お天道様が見ているから、悪いことはしてはいけない」といった言い回しさえ、近年ではなかなか聞かなくなっていますよね。

教養とはより良く生きることであり、人間を知ることにつながります。実はこれは宗教も同じです。

人々が特定の宗教に帰依《きえ》することが当たり前の国では、人生の悩みを救ってくれるのはまずは宗教。近年は宗教離れが進んでいる国もありますが、教会から足が遠のいているだけで、いわば教養や道徳としての宗教は失われていません。

カルト宗教に入信する人

一方、日本では宗教が持つ「人の悩みや苦しみ、死の恐怖を和らげる」という役割は急速に失われています。

このことが特に問題視されたのが、90年代に事件を起こしたオウム真理教（現アレフ等）の信者たちでした。

幹部たちは、理系を中心に日本でも有数の大学を卒業した高学歴のエリートばかりでしたが、「自分たちは何のために生きるのか」に対する答えを見つけられなかった彼らは、オウム真理教に出合い、「これだ」とばかりにこぞって入信したのです。

仏教や神道、キリスト教など日本に根付く伝統宗教は、彼らにとっては自分を救ってくれるものとは思えなかった。そこで、チベット仏教やヒンドゥー教、仏教などをミックスしたカルト的な教えにのめり込んでしまったのです。ちなみに「カルト」とは、小規模で熱狂的な宗教団体のことを指しますが、往々にして反社会的な性格を帯びることがあります。

あるいはそうしたカルト宗教にのめり込まなかった人たちは、生きる意味や心の隙間を埋めるものを見出せないまま、自殺してしまうケースもあったでしょう。90年代以降、1年間の自殺者が3万人に達するという悲劇が20年以上も続いてきたこと、宗教の存在感が薄れてきたことには、何らかの相関関係があるのではないでしょうか。

また、社会から宗教が急速に消えつつある日本では、映画や文学、さまざまな文章で引用されたり、メタファーとして使われたりするものも、西洋のように聖書由来のもの、つまり宗教に由来するものを使うことが難しい。道徳や生きる指針というよりもっと身近な存在としての宗教、つまり「みんなが知っていて、『ああ、あれか！』と思うような、宗教に基づく教えやエピソード」がなかなか存在しないのです。

例えば日本書紀や古事記は、戦後も一定の教養としては存在していました。高度成長期の日本の景気を「神武《じんむ》景気」「岩戸《いわと》景気」「イザナギ景気」と呼んだのは、日本書紀や古事記に由来するものです。ところが今、「イザナギとイザナミの国生み神話」と言っても学生たちにはまったく通用しません。ベースとなる日本書紀や古事記が頭に入っていないのです。

私も、これらをあえてしっかり読んだわけではありませんが、そういう話があることは知っている。ではどこで習ったのかと思い出してみると、学校で科目として習ったのではなく、子供の頃に読んだ絵本で知ったり、おじいちゃん、おばあちゃんとの会話の中で出てきたりといったところから、人物の名前やエピソードを覚えていったのではないかと思います。

現在は核家族化し、祖父母の代ですら古事記・日本書紀を読んでいない、知らない世代に入ってきていますから、いよいよ日本人の共通認識を支える土台が揺らいできていると言えるかもしれません。

700年前に吉田兼好も言っていた

国際社会で教養の土台となっている宗教、聖書の代わりになるものを日本で求めるとすれば、やはり古典になるでしょうか。「昔の人も同じように考えていたんだな」と思うことは、歴史に対して思いを馳せることにもつながりますし、何よりも面白い。

例えば1330年ごろ、今から700年前に書かれた吉田兼好の『徒然草』には、こんな一節があります。

「何事も、古き良き時代が慕わしい。現代風なものは、ひどく下品になっていくようだ。…日常、何気なく言う言葉も、残念なものに成り下がってゆくようだ。昔は『車、もたげよ』『火、掲げよ』と言っていたのが、現代の人は、車や火という言葉を省略して、『もてあげよ』『かきあげよ』という。…これらのことは本当に残念なことだ、とある長老がおっしゃるのを、私は聞いた」（第22段、現代語訳：島内裕子校訂・訳『徒然草』、ちくま学芸文庫）

「最近の若者は……」は中高年が口にするお決まりのフレーズですが、700年前にも同じことが言われていたのだと分かりますよね。

いつの時代もそうなんだ、人間の心理というのは面白く、変わらない部分もあるのだなと感じられるのは、何よりも面白い。それを面白い、と感じられるのが教養とも言えます。

「最近の若者は……」という話をしたり文章を書いたりする際に、「700年前に吉田兼好も『徒然草』で言っていましたが」と付け加えられれば、これはやっぱり教養があるな、となるでしょう。

もう一つ、『徒然草』で言えば、「仁和寺にある法師」という有名な一節がありま す。仁和寺の法師が石清水八幡宮という有名な神宮に行ったところ、石清水八幡宮の本殿にはいかず、近くの寺である極楽寺と付属神社である高良《こうら》神社にだけお参りして帰ってきてしまったというエピソードを紹介して、「少しのことにも、先達はあらまほしき事なり（少しのことにも、先達はありたいものである）」（第52段、現代語訳：同）と締めくくっています。

これも多くの方は高校の授業で習ったのではないかと思います。「やっぱり餅は餅屋、専門家に聞かないとだめだよね」という吉田兼好の嘆息に共感する場面は現在でも多いのではないでしょうか。

日本の高い文化水準

日本には確かに宗教の教えや聖書に基づく教養はありませんが、古典文学や歌などは数多く残されています。1000年前の平安時代に書かれた『枕草子』や『源氏物語』は今読んでも面白いですし、若者の間でも現代語訳した『百人一首』や『万葉集』などが大流行しているといいます。

また、国際ニュースを考える際にも、古典が役立つことがあります。それも、日本だけでなく中国の古典です。

近年、中国の軍事力が増して「まもなく台湾に侵攻するのでは」と言われています。しかし中国の古典である孫子の『兵法』には、〈百戦百勝は善の善なるものにあらざるなり。戦わずして人の兵を屈するは善の善なるものなり〉、つまり戦わずして勝つことが至上の戦略であるとしているのです。

中国共産党のトップの座を占めるようなエリートたちは当然、古典をはじめとする教養を身につけています。こうした価値観は現在の中国の首脳にも残っているでしょうから、単純軍事力で台湾を攻めるだけではない、「戦わずして勝つ（中台統一を果たす）」方法を考えているはずです。

旧約聖書は紀元前5～4世紀、新約聖書は2～3世紀に書かれたもので、孫子『兵法』も紀元前500年ごろの成立と言われています。こうした世界各国の古典が手軽に読める日本の文化水準は非常に高いと言えるでしょう。

何より、1000年以上前の自国の文学作品を、いつでも誰でも読むことができる環境が整っている日本は、教養面でも決して捨てたものではありません。

第5章

人生の転機は教養と学びで乗り越える

勉強不足を実感し、経済を学び続けた

この章では、私が社会人になってから今日までの間、仕事をしながらどのように勉強や読書をしてきたか、その方法などを職業人生の転機や節目の話も交えながらお話しししたいと思います。

記者としてNHKに入社した私の初任地は島根県松江市でした。松江放送局ではベテラン記者が土日に休みを取り、若手は平日が休日になります。そのため、休みの日もどこかに遊びに出かけるでもなく、ひたすら本を読んでいました。

当時の下宿先（当時の松江にはアパートが不足していてマンションなどもなく、普通の民家の2階に下宿）は狭くてあまり快適ではなかったので、喫茶店に出かけての読書でした。ノンフィクション系や、大学時代は経済学部だったので経済系の本が多かったでしょうか。

学生時代は学生運動が花盛りでしたから、授業がまともに行なわれませんでし

た。

そこで学生同士集まって読書会という形で経済学の勉強はしていたのですが、どうにも勉強不足のまま卒業してしまったとの思いが残っていたため、社会人になってからも経済を勉強しようと思ったのです。学問的な経済書というよりは経済系のノンフィクションや、組織で働く人たちのドキュメントなどを片っ端から読んでいました。

書店にも毎日、通っていました。松江の中心部には書店が2軒あり、そのうちの1軒である今井書店という今もある書店にはしょっちゅう顔を出していました。松江のあとに赴任した広島の呉市でも、同じように通っていた書店があったのですが、少し前に呉市に行った際に探しましたけれども姿を消していました。

29歳で東京の報道局に異動、社会部の記者として警視庁を担当することになりました。殺人や強盗を担当する捜査一課、空き巣やスリを担当する捜査三課を取材することになり、ひたすら夜回りの日々に突入しました。毎晩毎夜、東京郊外から埼玉、神奈川、千葉の各地に行って、刑事の話を聞くべく張り込むのです。

どうして警視庁担当なのに各地へ行くのかと言えば、警視庁の刑事たちは早い段階でローンを組んでマイホームを持つ人が多いのですが、若いのでまだ給料が安く東京都内では居を構えられず、埼玉なら春日部《かすかべ》、神奈川なら相模原、千葉なら我孫子《あびこ》あたりに一戸建てを買うためです。

記者は毎晩、担当刑事の自宅前まで行って帰宅を待って話を聞くのですが、いつ帰ってくるか分からない。夜7時のニュースが終わってから夜回りに行くので、食事をしっかりとる時などはファミレスで本を読んでいたのですが、時には何時間も自宅の周辺で待っていなければなりませんでした。

夜回り中の英語勉強

私は手持無沙汰が嫌いなので、できれば本でも持っていって読みたいところなのですが、住宅街なら街灯ぐらいしかないため、しっかりした本を読める状況ではありません。そこで思いついて、『NHKラジオ英会話』のテキストを読むことにしたのです。

『NHKラジオ英会話』のテキストは薄くてコンパクト。しかも安い。今でも660円です。本を読もうと思えばある程度落ち着いて、きちんと文章を追いかけなければなりませんが、『NHKラジオ英会話』のテキストなら、パッと開けば例文が載っている。英語はいつかきちんと勉強したいと思っていましたから、これはいいぞと読み始めました。

自動販売機や街灯の明かりを頼りに、テキストを開いてぶつぶつと例文を音読し、今度はテキストを閉じて暗唱してみる。何もない住宅街の薄暗い街灯の周りを行ったり来たりしながら、ぶつぶつと英文をつぶやいているわけですから、はたから見ればいかにも怪しかったでしょうね。

当時はとにかくサツ回り（警察取材を担当することの俗語）の日々ですから、英語を身につけて海外に取材に出たい、などということはみじんも考えていませんでした。それでも、英語は話せるに越したことはない。日常会話くらいは身につけておきたいし、国内で外国人に取材することもあるかもしれない、と。

第1章でも少し触れましたが、社内で隙間時間に本を読んでいるような人間は変わり者扱いされていた時代です。社会部の部会がある際に、会議が始まるまでの間に経済の本を読んでいたらデスクに見つかってしまい、「お前、何やっているんだ、大丈夫か」なんて言われたこともあります。

本を読んでいるだけでも珍しいのに、社会部で警視庁を回っている奴がなんで経済の本なんて読んでいるんだ、というわけです。

ましてや、サツ回りの合間に『NHKラジオ英会話』のテキストを読んでいるような記者はほかにはいなかったでしょう。でも、夜の住宅街ですから、同僚に気づかれることはありませんでした。ちなみにテキストは今も継続して購入していますが、読まなければと思いながら結局、積読になっている状況です。

社会部でも警視庁担当は本当に厳しい仕事で、とにかく毎日、夜討ち朝駆け。夜回りだけでなく、朝、捜査員が自宅を出るところで捕まえて話を聞くこともあります。

「警察担当は社会部の中でも過酷」と聞いていたので、会社から「警視庁担当はどうか」と打診された際には迷いましたが、「過酷だといっても2年か3年だ。それなら長い職業人生の中で、過酷な時期を経験してみるのもいいかもしれない」と受け入れたのです。

実際に警察担当になってみると過酷どころか地獄の2年間でしたが、それ以降、警視庁記者クラブの取材よりもつらい仕事はありません。

令和の時代にこういう話をすると、まるで昭和の親父の言い分のようになってしまうため、注意が必要ですが、まさに「石の上にも三年」。「若いうちの苦労は買ってでもしろ」という言葉には、一面の真理があります。

記者からいきなりキャスターに

警視庁記者クラブのあとは遊軍配属になりました。遊軍というのは、いわば「何でも屋」で、消費者団体を回ったり、気象庁や東大の地震研究所を回ったりしていました。

その後、40代になってすぐのころにデスクからいきなり「お前、4月からキャスターな」と言われて驚くことになります。1989年2月のことで、『首都圏ニュースセンター845』という番組が始まる、2カ月前のことでした。

これまで記者として取材をして記事を書いていたのに、今度は記者が書いてきた原稿を読み上げる仕事になったのです。

キャスターをやれと言われて驚きながらもその話を受けたのは、何よりも好奇心からでした。テレビの世界で仕事をしているわけですから、一度くらいはキャスターを経験してみてもいいかな、と思ったのです。その時は、数年やれば取材の現場に戻れるものと思っていましたから。

通常、アナウンサーは採用されると2カ月ほど、発声法や原稿読みの訓練を受けることになります。そのあとも地方に赴任し、毎日ニュース原稿を読んでアナウンスの力を蓄えていくのです。

それが、私の場合は何の訓練もなしに、いきなりキャスターをやれと言われてしまったというわけです。それまで記者として現場レポートなどで画面に映り、状況を説明することはありましたが、キャスターとしての下積みは当然ですが何もありません。

とりあえずスタジオに行って試しにほかの記者が書いた原稿を読んでみたのですが、とても読めない。というのも、長い文章になっていて、息が切れてしまうのです。

腹式呼吸の練習から始めた

しかしアナウンサーはさすがプロですから、分かりにくい原稿でも読むと、聞いている人には分かりやすくなるのです。

一方、読みのプロではない私が読むと、分かりやすくなるどころか息が続かないのです。どうしたものかと思って、まずは腹式呼吸の練習から始めました。

参考にしたのは『NHKアナウンス読本』（日本放送出版協会）です。口をどう開けるのか、滑舌《かつぜつ》をよくするにはどうしたらいいのかなど、アナウンサーとしての基礎がまとめられています。そこに腹式呼吸の重要性も書かれていました。

話し続けると喉が枯れてしまう人は、腹式呼吸ができておらず、喉を使って声を出している。お腹に力を入れて腹式呼吸で声を出すと、喉に負担がかからないので長い時間、はっきりとした声を出すことができるのです。

やっていくうちにわかったのは、腹式呼吸によって人間の体が弦楽器になるということ。ギターやバイオリンの弦が人間の声帯、本体が人間の体で、腹式呼吸によって体全体に声が共鳴して、体から声が出るような感覚になります。

思えば、これはのちの仕事にものすごく役に立っています。

例えば大学の授業で、学生相手に90分、話し続ける。今は毎週100分の授業を2コマ、90分の授業を3コマ担当していますが、喉が枯れてしまうようなことはありません。マイクなしでも教室全体に聞こえる音量での発声ができています。

体全体を使って声を出しているため血流もよくなり、健康にもいい効果があるということかもしれません。

キャスターになって英語学習を深めた

もう一つ、キャスターになってよかったのは、文章に気を遣うようになったことです。先ほども述べたように、記者が書いてきた原稿をキャスターとして読もうとすると、これが実に読みづらい。多くの記者は自分の原稿を声に出して読む経験がありませんから、息継ぎなどまったく考えずに原稿を書いてしまうのです。

しかしキャスターを経験したことで、声に出して読みやすい文章を書くようになりました。一文一文をあまり長くせず、テンポよく書くことで、声に出さずとも読みやすい文章を書こうと心掛けるようになったからです。

警視庁担当時代は夜討ち朝駆け、遊軍になってからも不規則な生活をしていましたが、キャスターになると生活がまったく一変します。毎日の生放送に合わせて、打ち合わせ、放送、反省会を時間通りにこなせば、一日の仕事は終わりです。ＮＨ

Kに入社して初めて、規則正しい生活を送ることになりました。

勤務時間が決まっていますから、毎日の行き帰りの電車の時間帯もだいたい決まっています。住宅街の街灯でテキストを読んでいた頃とは打って変わって、行き帰りの電車内で毎日、本を読めるようになりました。空いている電車に乗って座ると寝てしまい本が読めないからと、あえて混んでいる電車に乗って、立って帰ることもあったほどです。

さらにうれしいことに、キャスターには1週間の夏休みが与えられました。その期間を使って、英会話の学校に通ったこともあります。街灯の下で覚えたことを忘れないうちに、英語力を高めなければと思い、渋谷のNHKの近くの英会話教室に通ったり、社内で職員向けに開かれていた英会話教室に参加したりと、英語力の積み上げは続けていました。

英語力を磨くために取り組んでいたものに、アルクの「1000時間ヒアリングマラソン」があります。1年間で1000時間、英語を聞いて耳を鍛えるというものです。1日3時間、ネイティブの人たちの英語での会話やインタビューを聞いていました。毎日3時間を捻出するのはなかなか難しく、平日は仕事から帰ってきて1時間か2時間聞いて、こなせなかった分は休日にまとめて何時間分も聞く、ということをやっていました。

やがて易しくなる「やさしいビジネス英語」

またNHKの「やさしいビジネス英語」をテープに取り、夜に聴き直すこともしていました。「やさしい」といっても実際はやさしくはないのですが、なぜこういうタイトルになっていたのかはあとから知ることになりました。この番組を担当していたのは杉田敏さんという方で、ある時NHKの食堂でばったりお会いすることがあったのです。

「いつも番組を聞いています。でも、内容は易《やさ》しくないのに、どうして『やさしいビジネス英語』というタイトルなんですか?」と聞くと、杉田さんは「いやいや、これを勉強し続ければ、やがてこの内容が易しく感じられるようになるという意味を込めているんですよ」とおっしゃっていました。これを聞いて、なるほどとひざを打ちました。

「やさしいビジネス英語」は実にためになる内容で、英会話の内容が、今アメリカ企業で話題になっているテーマだったり、ジェンダーギャップや地球温暖化のような社会的な話題、ビーガン料理についての議論などを取り上げています。

今まさに、アメリカのビジネスの最先端にいる人たちが、何に興味を持っているのかがわかる内容になっているのです。これは実にためになりました。

その後、NHKを退職して海外に取材に行くようになったことで、この時の蓄積が生きることにもなったのです。

「ああ、あの話題は『やさしいビジネス英語』で聞いたことがあるぞ」と。勉強している最中には将来どのように役に立つかなんて考えもせず、好奇心だけで吸収していたのですが、それがのちに大いに役に立ったというわけです。

キャスターとしての経験は、そのあと十分に役に立っています。サツ担当になれと言われた時もそうでしたが、自分の思っていたことと違うポジションを提示されたとしても、「だったら辞めてやる！」ではなく、一度受け入れてみることも悪くはないものだなと思うのです。

実は私は、東京の社会部に配属になる時、政治部はどうかと打診を受けていました。

この時は「嫌です、社会部がいいです」と断ったのですが、もしこの時、政治部を選んでいたら、今の私の人生はきっとありませんでした。

出世コースを歩んで、社内で大手を振って歩くような嫌な人間になっていたかもしれませんね。途中でＮＨＫをやめて文筆業に転じることも、民放でニュース解説をやることも、大学で授業をすることもなかったかもしれません。

子供の視点でもう一度とらえ直す

さて、キャスターになっても数年で現場取材の記者に戻れると思っていたところ、さらに転機がやってきます。

「ニュースセンター845」と「イブニングネットワーク」のキャスターを計5年勤め、後任も決まったところで、さあ記者職に復帰だと思っていたら、今度は「週刊こどもニュース」という子供向けのニュース番組を作るので、お父さん役と称するキャスターをやってくれというのです。

教育テレビの子供向け番組を作っているスタッフと、報道局の私の共同制作です。またしても突然、報道局のデスクに呼ばれて、「報道局長から話がくるから、断るなよ」と釘を刺されてしまいました。とてもお世話になっている先輩だったので、「はい」と言うしかありませんでした。

しかしここでも、やはり発見がありました。これまで当たり前のように考えていた世の中の仕組みやニュース解説を、子供の視点からもう一度とらえ直すことができたからです。

例えば警察担当の記者として、「誰々に逮捕状が出た」という記事は何度も書いてきました。しかし子供はもちろん、多くの人は「逮捕状を出す主体は誰なのか」を知りません。たいていは警察が逮捕状を出すと思い込んでいるのです。実際には裁判官が出しているのですが、NHKの職員でも、報道局にでもいない限り、こういう「そもそも」の話を知らないケースは少なくないのです。

なぜ、警察が逮捕状を出せないのか。もし仮に警察が逮捕状を出せるとなったら、乱発される懸念があるからです。まだ証拠も揃っていないうちから、怪しいと見た人物に逮捕状を出して身柄を拘束してしまう。そんなことが続けば、人々の人権が守られなくなってしまいます。無理な自白で有罪に持ち込む冤罪《えんざい》事件も増えてしまいかねません。

それを防ぐために、本当に身柄を拘束するだけの証拠が集まっているかを法律の専門家が、第三者の視線で客観的に判断する必要がある。そのため、警察が集めた証拠を提示して裁判官の判断を仰ぎ、裁判官の責任で逮捕状を出す。警察はあくまでも逮捕状を請求する立場なのです。

子供向けのはずが、大人にも好評だった

現場の記者として警察取材をしている時には深く考えずに記事を書いていましたが、子供に説明するとなった時に調べ直したり、考え直したりしたことで、改めてこうした仕組みが警察の暴走を防いでいたことに気づかされることになりました。

そしてここでまた、かつての経験が生きることになります。先にも述べた通り、私は警視庁記者クラブを担当したのち、遊軍としてさまざまなジャンルの取材を手掛けていたので、これが「週刊こどもニュース」の解説に生きることになったのです。

気象庁で天気や地震について学んだこと、文科省担当として教育行政や法案作りの流れを取材したこと、昭和天皇が危篤になった時には宮内庁担当の応援にいったこと、などなどあらゆる取材の経験が、子供向けに社会のあり方や国家の統治機構について説明する際に生きたのです。

単に知識としてだけ知っているよりも、実体験を伴う説明のほうが伝わりやすい。「そうか、いろいろ経験してきたけれど、世の中のさまざまな仕組みを説明するのにこうやって生きるんだな」と感じました。

そして驚いたのは反響の大きさです。あくまでも子供向けにニュースを解説していたのですが、それが子供だけでなく大人にも好評だったのです。

年齢別視聴率調査では、実に60歳以上の男女の視聴率が20％にも達していました。もはや「こどもニュース」ではなく「老人ニュース」です。

専門用語や横文字を分かりやすく嚙み砕く

考えてみれば、大人でも「逮捕状は誰が出すのか」を知らずに報道を見ているということはあるでしょう。

今さら聞けないこと、知ってるつもりだったけれどよく分かっていなかったことが分かりやすく解説されている。なるべく専門用語や横文字を嚙み砕き、分かりやすく伝えることを心掛けていたために、多くの方にご覧いただいたようです。

放送日や時間帯は何度か移動しましたが、土曜日の夕方に落ち着いてからは、毎週同時間帯トップの視聴率を取っていました。

特に覚えているのは、2001年9月11日の同時多発テロ後の放送です。

今もそうですが、私は新聞を読んで気になるニュースがあると書店に出向いて関連する本を根こそぎ買ってきます。

中東には以前から関心があり、2000年にパキスタンのジャーナリストであるアハメド・ラシッドの『タリバン』（翻訳・坂井定雄、伊藤力司　講談社）という本が出たのを見かけた時には、「いずれこれは役に立つかもしれない。読んでおこう」と買って読んでいたのです。

その頃、まだタリバンという名前は一般には知られていませんでしたが、私がこの本を読んでいるのを知った「週刊こどもニュース」のスタッフが「面白そうですね、貸してください」と言って借りていきました。そのあと、しばらく返ってこなかったので「そろそろ返して」と催促し、返却された数日後に、同時多発テロが起きました。

「タリバン」の名は、テロの首謀者であるアルカイダのトップ、ウサマ・ビンラディンを匿《かくま》っている集団ということで、世界中で知られることになったのです。

本を貸したスタッフはびっくりして、「池上さん、タリバンが問題になると予測していたんですか」と聞いてきたのですが、もちろん予測なんてしていません。しかし、広くアンテナを張っていろいろなことに目を配っておくと、いざ何かが起きた時に、人に先んじて解説することができる。もちろん「週刊こどもニュース」でも、タリバンについて詳しく解説できました。

最初はあくまでも好奇心。これは何だろう、知りたいという気持ちから本を手に取ったわけですが、結果として仕事でも生きたのです。「これから先、何が話題になるのか」「知っておくとためになることは何か」「みんなが知っているようで知らないことを、勉強しておこう」とますます思うようになりました。

解説委員の道を絶たれて

結局、「週刊こどもニュース」には、1994年から、私がNHKを退職する2005年まで「お父さん」役で11年間出演しました。毎週、私が解説の原稿を書いていましたし、制作局の職員は同じNHKといっても報道局とは違って、ニュースを懇切丁寧に説明しないと番組が作れないためです。

NHKを辞めたのは、「そろそろ記者に戻って、ジャーナリストとしてのキャリアのために解説委員になりたい」と考えていたにもかかわらず、その道が絶たれたことがきっかけです。解説委員長から「解説委員というのは専門分野をもっていなきゃいけない。お前には専門分野がないだろう」と言われ、自分には解説委員になれる可能性がないことを知ったのです。

また、NHKに在籍していた頃から、何冊か本の執筆をしていたことも、退職のあと押しになりました。「本を書いていけば、食べていけるんじゃないか」という思いがあったからです。

活字の世界に入ったきっかけは、「週刊こどもニュース」が始まってすぐに講談社の児童局から番組の内容を本にしませんか、と打診を受けたことです。

その企画は『小学生の大疑問100』（講談社）という本になりました。中身はフリーランスの編集者が過去の放送内容から作ったのですが、そのまえがきを書いたところ、編集者が「池上さん、文章書けますね」と評価してくれたのです。

その時は単にまえがきを書いただけでしたが、「書けるなら、ニュース解説の本を出しませんか」と話が発展し、同じ講談社の生活文化局から1998年に『ニュースの大疑問』（講談社）という本を出すことになりました。

これが大好評で、今でこそそうした本も増えていますが、当時はニュースを誰にでも、分かりやすく解説する本が出ていなかったのです。このあたりから、「これなら、活字の世界でもやっていけるかもしれない」と思うようになりました。

さらに2000年には、『そうだったのか！　現代史』（ホーム社）をシリーズで出すことになりました。きっかけは、台湾で李登輝《りとうき》総統が直接選挙による総統選挙を行なうと宣言し、これに対抗する中国が台湾周辺でミサイル発射実験を始めたことにあります。

現代史が穴になっている！

大騒ぎになる中、「週刊こどもニュース」スタッフの制作局のディレクターが「池上さん、どうして中国と台湾は仲が悪いんですか」と聞いてきたのです。

そんなことも知らないのかとびっくり仰天しましたが、すぐに思い直し、「そうか、知らない人がいるなら、こどもニュースで取り上げるべきだな」とも思ったのです。

しかも、同時期に朝日新聞の編集委員が、「自社の若い記者から『どうして中国と台湾は仲が悪いのか』と聞かれて驚いた」という記事を書いていたのです。「これだ！」とひらめきました。

メディア業界に入るような人でも、中国と台湾の関係を知らない。それはなぜかといえば、日本の歴史の授業が第二次世界大戦までで終わってしまい、その後の歴史や国際情勢についてほとんど扱わないからだと考えたのです。

「現代史が穴になっている。だったらこれを分かりやすく解説すれば、結構読んでもらえるんじゃないか」と。そこでタイトルも『そうだったのか！ 現代史』としたい、と編集者に掛け合いました。当初、編集者は「そんな本が売れるのかな」とピンときていませんでしたが、絶対に需要があると口説きました。

朝鮮戦争はなぜ始まって、どのように休戦に至ったのか。それによって、現在の北朝鮮と韓国の関係にどのような影響があるのか。東西冷戦とは何だったのか、ソ連崩壊で国際社会はどう変わったのかなど、国際政治の専門家の書籍ではなく、一般向けに分かりやすく説明する。この1冊目がそこそこ売れたおかげで自信がつき、54歳でＮＨＫを辞めることができたのです。

「週刊こどもニュース」でよく取り上げていた中東

退職当初は、あくまでも活字の世界で生きていきたいと思っていました。最初にしたのが自分の目で世界を見ることでした。

特に「週刊こどもニュース」でも取り上げることの多かった中東には行ってみたいと思っていたので、NHKを退職してすぐ、中東調査会に個人会員として入会し、事務局長に「核開発でもめているイランに行きたい。コーディネーターを紹介してください」と言って、テヘラン大学で日本語を教えている日本人を紹介してもらい、イランへ行きました。

その後も国や地域ごとにコーディネーターを紹介してもらって、パレスチナや難民キャンプなどを取材しました。中東は特に関心があるので、今もよく取材に訪れています。

こうして50代半ばにして新卒以来勤めてきた会社を辞めて、活字の世界で何とか頑張っていこうと思った矢先、またしても転機が訪れます。

NHKを辞めてすぐにフジテレビ系の朝の番組「情報プレゼンターとくダネ！」からコメンテーターとしてお呼びが掛かりました。そののち、日本テレビ系「世界一受けたい授業」のプロデューサーからも声が掛かり、「池上がNHKを辞めたらしい」と業界に知れ渡ったことで、民放に出演することになったのです。

当初は民放に出るつもりはまったくありませんでしたし、想定もしていませんでしたが、人生は分からないものです。

テレビ番組で印象的だったのは、テレビ朝日系の「学べる!! ニュースショー！」に出演した際のことです。もともとは過去に生命の危機を体験した人たちが、どのようにピンチを乗り越えたのかを紹介するバラエティ番組でした。ここに、コメンテーターとして出演したのです。しかし、早々にネタが尽きてしまったようで、私も出演する意義を見失っていました。

そこで降板を申し出たところ、「池上さんがニュースを解説する番組に改編しますから出演してください」と言われ、ならばと当時イランで起きていた抗議デモをとっかかりに、イランという国について説明するテーマでやりましょう、と持ち掛けました。

当時、イランの大統領選の結果に不満を持った若者たちが大規模な抗議運動に出ていたのですが、番組側は「イランをテーマに」という申し出にすっかり及び腰になってしまいました。ゴールデンタイムに、イランについて解説して視聴率が取れるわけがないだろう、と考えたからです。

しっかり解説すれば、視聴者は見てくれる

しかし私には、「週刊こどもニュース」の成功経験があります。何とか番組側を押し切り、イランの現状、歴史的背景、国の仕組みなどについて分かりやすく説明したところ、テレビの常識を覆《くつがえ》す高視聴率をマークしたのです。

こうして、NHKを離れて民放に出演することになったのですが、民放でもNH

Kでも報道番組の作り方はほとんど一緒です。尺（時間のこと）に合わせて扱うニュースの本数や解説の長短を変えるだけで、番組の作り方や発想はまったく同じでした。

日本テレビ系の「真相報道バンキシャ！」にコメンテーターとして出演した時に驚いたのは、放送前にディレクターが会いにきてテーマを伝えるとともに、私の感想を話したら、それが当日の台本に書き込まれていたことです。「バンキシャ！」は生放送だから余計に厳しいのでしょうが、「20秒で、この台本通りに話してください」と言われて、NHKよりも縛りが厳しいと感じました。

2008年からはテレビ朝日系の「学べる!! ニュースショー！」で国際ニュースを解説すると、ゴールデンの時間帯ながら毎回、驚異の視聴率をたたき出し、テレビ界の常識が変わったとまで言われました。

私としては、「週刊こどもニュース」の経験から、「しっかり解説すれば、視聴者は見てくれる」と思っていたので驚きませんでしたが、その後は国際ニュースを解説する番組が他局でも増えるようになったのです。

テレビ東京の選挙特番企画

２０１０年、ちょうど60歳の時には、テレビ東京の選挙特番「池上彰の選挙スペシャル」（テレビ東京系）で総合司会を務めました。これがまた、私にとっては大きな転機になりました。

私がＮＨＫを退職したことを知った、当時テレビ東京の政治部長だった福田裕昭氏が、「どうしても一緒に番組をやりたい」と申し込んできたのです。聞けば、政治部長になる前から「週刊こどもニュース」を参考にしており、金融危機などさまざまなニュースをリポートする際に、非常に役に立っていたというのです。自宅の近所まで会いにきてくれて、少しずつ番組づくりを進める中で出てきたのが選挙特番の企画でした。

テレビ東京は他局に比べて所帯が小さく、選挙特番で対等な勝負ができなかったといいます。ほかの局が投票締め切りの20時から特番を放送し始め、次々に「当確

（当選確実）」を打つ中で、テレ東は22時からしか番組を放送できなかった。他局は独自の出口調査を行なって情勢を報道するのですが、テレ東の取材網では困難でした。

そのため、他局が当確を出しているのに、テレ東は議席予測もままならない。これでは戦えません。そうした状況を変えるために、選挙特番に出演してほしいということでした。

彼の熱意に負けて、最初は20時から放送開始した番組のコメンテーターで出演したのですが、生放送で目まぐるしく情勢が変わる選挙特番には、やはり特有の能力が必要です。事前の予定通りにはいきませんし、並み居る議員たちに中継でインタビューをしなければなりません。メインキャスターは別にいたのですが、この状況についていけなくなってしまったため、大変申し訳ない思いはありましたが、隣にいた私が途中からその場を仕切りました。

これを観ていた福田氏が、私が番組を仕切れると判断したようで、次の選挙特番からは私が総合司会を務めることになりました。さらに、特番の内容も、速報や情勢分析で他局と張り合うのではなく、「解説」で独自性を出そう、という話になったのです。

いわば、「家族で楽しめる選挙ニュースエンターテインメント」。選挙は人々の関心を引くイベントですから、やりようはあるだろうと考えたのでした。このように福田氏は実にアイデアマンで、次々に新企画を提案してきます。

政治部経験がなかったから、のびのびできた

そこで、事前の収録で「そもそも選挙運動って、どういうことをやっているのだろうか」を取材し、VTRで流そうということになりました。選挙前にバスを仕立ててアナウンサーやタレントと一緒に選挙事務所へ行き、その裏側を解説しました。

選挙事務所は、実は表に出てこない「裏選対」、つまり裏の選挙対策本部のようなところがあるのです。私はNHKの社会部時代に選挙の票読みなどをやっていま

したから、選挙事務所の事情も知っています。ここでも社会部記者時代の経験が生きました。いや、むしろ政治部経験がないからこそ、のびのびと選挙報道を楽しめたとも言えます。

政治部は各社、記者を政治家に食い込ませて情報を取っています。食い込むとは、つまり仲良くするということ。怒らせて決裂してしまえば取材に支障が出ますから、厳しい取材や、痛いところを突くような取材、報道はなかなかできません。結果、インタビューでは「当選おめでとうございます、今のお気持ちは？」と言ったようなありきたりの質問になりがちなのです。

その点、私は社会部出身で政治家との距離など考える必要はありませんでしたから、フリーになってからも政治家に嫌われようが、避けられようが何の問題もありません。その姿勢が、政治家に対して忖度《そんたく》なしの厳しい質問をすることにつながり、「池上無双」と呼ばれるスタイルが生まれました。厳しいところを突いて、向こうが慌てたり、戸惑ったり、しどろもどろになって「素」の表情が垣間見えることこそ、面白いし視聴者に見せたい部分なのです。

もう一つ、政治記者でなかったからこそ話題になったのが、公明党と創価学会の関係に触れたことでした。視聴者からは「タブーを破った」と評価され、これまた「池上無双」と呼ばれるきっかけの一つになりました。

しかしこちらとしては、あえてタブーを破ってやろうとしたわけではありません。視聴者の素朴な疑問に答えるために両者の関係を説明したに過ぎないのです。

ほかの局や政治通の向きからは「どうして公明党と創価学会の関係なんて、みんな知っているようなことをわざわざ取り上げるんだ、ばかばかしい」というように見られました。しかし、誰も「わざわざ」取り上げなかったからこそ、一般の人は「なぜやらないんだ、タブーだからか」と考えるようになっていたというわけです。

特番を盛り上げるためのアイデア

もう一つ、選挙特番では候補者の「小ネタ情報」を表示する試みを始めました。

これも工夫の産物で、1回目の衆院選の際には国民にもよく知られている人が立候補する一方、参院選では知名度が低い人も少なくなく、視聴者にとっては自分の選挙区以外の候補はなじみがない。

ではどうやって特番を盛り上げるかと考えた際に、ちょっと面白い角度からプロフィールを紹介してはどうかというアイデアが、テレビ東京のスタッフから上がってきました。1回目はスタッフ任せにしていたのですが、2回目からは私も作成に加わって、一つひとつのネタをチェックして、面白くなければ別のアイデアを提案するようになりました。

例えばある議員の情報はあまり面白くなかったので、何かないかと調べたところ、「最近、YouTubeを始めたが、再生回数が2桁だった」ことが分かり、これを採用。事実を指摘しているだけですが、ちょっと皮肉や風刺も効いているでしょう。事務所に電話して近況を聞く中で面白い情報を収集するなど、かなりの手間暇をかけています。

採用するのは事実だけで、人格的に傷つけるようなものは採用しない。本人が見ても思わず苦笑いしてしまうような情報を厳選しています。視聴者も面白がってくれて、特番の際には画面キャプチャをＳＮＳにアップして盛り上がってくれる人も少なくありません。

そこからさらに発展して、政治用語を面白く紹介するテロップも表示されるようになりました。その名も「池上流・政界『悪魔の辞典』」。例をいくつかご紹介しましょう。

【解散】衆議院議員全員を一瞬で無職にする総理の伝家の宝刀。乱用に注意。
【出馬】立候補者を馬にたとえる失礼な表現。落馬する人もいる。
【公約】選挙前は多くの人に知ってほしい。選挙後は早く忘れてほしい。

政治家のプロフィールと合わせて、「池上の『悪魔の辞典』を書籍化してほしい」というありがたい言葉も頂戴し、実際に『政界版 悪魔の辞典』（角川新書）という本になりました。

他局も政治家のプロフィールについては真似し始めていますが、やはりテレ東のものが元祖、一番面白いという自負があります。

こうした取り組みが功を奏して、私がキャスターを務めた1回目の選挙特番の視聴率は民放でトップ。2回目は一時的に古巣のNHKを抜く快挙になりました。この時には、テレ東のスタッフたちは打ち上げで男泣き（もちろん女性もいましたが）。たとえ小粒の放送局でもアイデア次第で、対等に戦えることを示しました。

60歳でテレビ番組の出演を休止

さて、こうしてNHK退職後、うるさい上司や会社そのものに縛られることなく、フリーになって自由を謳歌し、海外に行っては本を書き、加えてテレビでの仕事も増えていったのですが、60歳になった2010年ごろから、「はて、このままでいいのかな」と思うようになってきました。

60歳といえば還暦。還暦というのは生まれた時の暦が一巡し、もう一度生まれるという意味がある。だから、赤ちゃんと同じ赤いちゃんちゃんこを着るのですが、私も来し方行く末を考えるようになったのです。

還暦を迎えるまで元気に仕事を続けてこられたのは丈夫に生んでくれた両親のおかげでもありますが、一方では日本社会が義務教育をきちんと施してくれて、さらに高等教育まで受けることができた。こうして今、生活できているのは日本という国の仕組みがあればこそではないかという思いがふつふつと浮かんでくるようになりました。

自分自身ももちろん、その時々で一生懸命頑張ってはきたけれど、ここから先は自分のためだけでなく、世の中に何か還元しなければならない、恩返ししなければならないと考えるようになったのですね。

自分ができることといえば、これまで経験してきたこと、取材で見聞きしてきたことを若い人に伝えていくことではないか。一度立ち止まって考えたいと思うようになりました。その頃にはテレビの仕事もかなり忙しくなっていましたから、それらをすべて一度整理して、改めて海外へ取材に行ったり、自分が勉強し直すインプットの時間を持ったりすべきだろうと考えたのです。

そこで２０１１年１月に「今年３月をもって、テレビ番組の出演を休止する」と宣言しました。

東日本大震災で専門家による説明

ところが、またしても自分の意図とは違った形で、この決意が実行できない事態に直面することになりました。２０１１年３月11日、東日本大震災が発生したためです。

こうした事態となれば、分かりやすく地震のメカニズムや事故を起こした原発について説明する意味もあるだろうと思い直したためです。

特に問題だったのが、原発や放射能に関する報道のあり方でした。国民の多くは、事故はもちろん、原子力や放射線についての知識が不足しています。みなさんも、事故が起きて初めて「炉心溶融《ろしんようゆう》」「水蒸気爆発」といった言葉や、「シーベルト」や「ベクレル」といった放射線に関する単位などを耳にしたのではないでしょうか。

ほかでもない、私自身も放射線といえば「キュリー」という単位で覚えていましたから、いつの間に変わったのかと驚きました。キュリーとは、放射線を発見した有名な物理学者・キュリー夫人の名前からとったものでしたが、のちに学界では同じく人名から取られたシーベルト（人が放射線によって受ける被ばく線量の単位）や、ベクレル（土や食品、水道水等に含まれる放射性物質の量）が使われるようになっていたのです。

専門家の間ではこうした用語は当たり前のように使われてきたのですが、一般の視聴者にはいったい何のことだかさっぱり分かりません。

私もレギュラー番組を整理する段階に入っていましたから、少し時間ができたために災害報道番組を家で見ていたのですが、みんなが知っていることを前提にこうした専門用語を使う学者たちの説明が、気になって気になって仕方がなくなってしまいました。

一般の視聴者向けに、基礎の基礎から解説

当時はテレビに東大や東工大の物理学を専門とする教授が出演されて説明していました。おそらく彼らとしては分かりやすく説明しているつもりだったのだと思います。しかし文系の人たちや一般の視聴者は、そもそも放射能と放射性物質の区別さえついていなかったのではないでしょうか。

番組を仕切っているアナウンサーやキャスターの中にも、話を十分に理解できないまま、掘り下げることもなく「ありがとうございました」と番組を締めてしまっていた人がいたのではないかと思います。限られた時間の中で説明してもらわなければなりませんし、「ちょっとよく意味が分からないのですが」と差し挟むのは、

気が引けたり自分がものを知らないことを露呈するようで避けていたりした人もいたかもしれません。

しかも、学者は正確性を重んじた話し方をしますから、「現在の被ばく線量は○○マイクロシーベルトですから、人体の影響を考えると閾値《いきち》を下回っています」などと言います。

視聴者は「放射能は大丈夫なのか、人体に影響はないのか」と心配しながらテレビを見ているわけですが、そこへきて専門用語で話をされてもなかなか理解することができません。それどころか、「結局、放射能は危ないのか、危なくないのか分からない」とかえって不安をあおることになってしまった面もあったようです。

これではいけない、文系と理系に橋を架けるような仕事をやらなければならないのではないか、と思い立ちました。

そこで特別番組に出演し、放射能と放射線、放射性物質の違いを図解で丁寧に説明したところ、やはり大きな反響がありました。

「何が危険で、どう違うのか、初めて分かりました」という感想が多く寄せられたのです。基礎の基礎から解説することで、物理学や原子力の知識をそれまで持っていなかった人たち、特に文系の人たちの理解を促進するお手伝いができたのではないかと思います。

東工大で教鞭をとることに

すると、またしても向こうから話が飛び込んできました。

東工大の先生方から、「リベラルアーツの研究教育院を作ることになったので、力を貸してほしい」というのです。私がテレビのレギュラーを辞めたことを知って、声を掛けるなら今だと考えたそうです。

リベラルアーツとは、主に「一般教養」と訳されることが多いのですが、本来は「生きていくうえで、どれだけ自由になれるか」を追求するための知識を指します。

さかのぼるとギリシャ・ローマ時代、人々は自由人の階級と奴隷階級に分かれていました。その中で、自由人たちは思うままに闊達《かったつ》に学問を学び、論じあっていたのです。転じて、社会制度やあらゆる束縛から人間を解放するための知識や、生きるうえでの知恵を指すようになりました。

その後、リベラルアーツは「自由7科」と呼ばれる言語系3学（文法・論理・修辞）と数学系4学（算術・幾何・天文・音楽）で構成されるものになりました。これが時代を下って現在に引き継がれ、アメリカなどではリベラルアーツ・カレッジが各州にあります。

ここには現在の日本の大学の教育体系のような、文理の区別はありません。大学は幅広い教養を身につける場所で、専門的な学問を学ぶのは大学院に行ってからなのです。

東工大は、理系の学生や教授など優秀な人材を多数抱えていますが、一方で彼ら・彼女らにコミュニケーション能力や、社会に自分の研究を理解してもらうための能力の点で弱いことを課題としていました。そこで世の中の事象を分かりやすく解説してきた私に目をつけて、「社会のこと、人への伝え方を教えてほしい」というわけだったのです。

東日本大震災と原発事故を機に、文系と理系の橋渡しをしたいと思ったところに降って湧いた申し出でした。

早速、私と当時東工大の文化人類学・宗教学を専門にする上田紀行《のりゆき》先生や伊藤亜紗先生と、海外の大学のリベラルアーツの実態を視察に行きました。マサチューセッツ工科大学、ウェルズリー大学、ハーバード大学へ行ったのですが、いずれも思わず唸る教育内容でした。

すぐに役に立つことは、すぐに役に立たなくなる

例えばマサチューセッツ工科大学。世界のテクノロジーの最先端を切り開いている大学だから、当然、最先端の教育を行なっていると思っていたら、そうではありませんでした。

先方の教授曰く、「最先端のことなんて、4年で陳腐化する。そんなことを教え

ても無駄です」と、むしろ最先端を生み出すための基礎的な力を身につける教育をしているというのです。

「すぐに役に立つことは、すぐに役に立たなくなる。すぐに役に立たないことは、やがて役に立つことになる」というのが口癖だったのは、慶應義塾大学の塾長で上皇陛下が皇太子時代の教育係でもあった小泉信三です。彼とまったく同じことを、マサチューセッツ工科大学の先生が言っているのです。リベラルアーツの神髄はこれだ、と思いました。

しかも、理系大学のイメージの強いマサチューセッツ工科大学でも、専門の枠を超えた多くの授業を行なっていました。人文系や社会科学はもちろん、文化、芸術、音楽に至るまで充実の教育内容で、特に音楽は4割もの学生が履修しているといいます。

私はマサチューセッツ工科大学でいくつかマグカップを買ったのですが、これがまた教養溢れる洒落たデザインでした。カフェインの分子構造が描かれていたり、旧約聖書の冒頭のセリフである「And God said, "Let there be light"（神は言った。

「光あれ」と)」のあとに光についての公式が並んでいます。科学とキリスト教が並んでいるわけで、まさにリベラルアーツのあり方を示しています。

ボストンのウェルズリー大学は、まさにリベラルアーツを教育方針の中心に据えている女子大学です。そうでありながら学生たちはアフリカなどさまざまな現場でインターン活動を行なっていて、教養的な学びと実践のサイクルをうまく回しています。

カフェインの化学式が書かれた愛用のマグカップ。

また、ハーバード大学にはリベラルディレクターと呼ばれるポジションの職員がいて、教授とは別に、いかにしてリベラルアーツを実現するかの科目の組み合わせを考えたり、学生にアドバイスしているのです。

私たちはこうした各大学のリベラルア

ーツのありようを見て、これこそが日本に必要な学問・大学のあり方だと考えたのです。そしてそこから、東工大のリベラルアーツ教育の見直しが始まりました。

リベラルアーツ研究教育院を設立し、「立志プロジェクト」、つまり研究者の卵である優秀な学生たちが社会に出る時に、どのような人材になっているべきなのか、どうすれば志を立てられるのか、そのために大学で何を教えるのかについて、教える側が考える。そして学生も一方的に教授の話を聞くだけでなく、徹底して議論し、学生たちが自律的に考え、学ぶことを目指す、とのコンセプトが決まったのです。

東工大で毎年、新入学生たちに語ったこと

それ以降、毎年東工大の新入生に講演をすることになりました。大講堂に５００人ずつ、１日に2回に分けて新入生１０００人に話した内容は、次のようなものでした。

君たちは生徒ではなく学生になったことをまずは自覚してほしい。小中高では、文科省が定めた学習指導要領に基づいて、文科省が検定し「これが正しい内容だ」と認めた教科書を使い学校の先生の話を聞いて、その内容を覚えればよかった。しかし大学生になってからは、それぞれの先生たちが研究している内容を君たちに教えることになる。

東工大では第一線の教授たちが、最先端の学説を教えてくれるだろう。しかし最先端をいっているからこそ、のちにその学説が間違いだと判明することもある。あとになって、大学で学んだ内容は間違いだったとなるかもしれない。これぞスリルとサスペンスだ。

大学で学ぶ内容を素直に受け止めるのではなく、すべてを疑う気構えを持ってほしい。

すると、先生方から「学生が自分の話を疑って、何を言っても食って掛かるようになった」と言われてしまいました。そこで翌年からは、こういう内容を付け加えました。

君たちの先輩に「すべてを疑え」と話したら、私の言葉を誰も疑わなかったようだ。これではいけない。また、学問においては疑うことは重要だが、プライベートでもすべてを疑っていると、友人や恋人など大事な人を失うことになる。隣人を信じなさい、裏切られたとしても、それによって人間は成長するのだ——。

なぜ、学問を疑う必要があるのか

なぜ、学問を疑えと言っているのかには理由があります。

実は東工大はかつて、大変な過ちを犯したことがあるからです。それは水俣《みなまた》病が発生した際のことです。熊本大学の医学部が調査したところ、チッソという化学工業メーカーの工場から出た排水に含まれる有機水銀が神経障害を起こしていることを突き止めました。

ところが東工大の教授が、「いや、あれは魚が腐った時に出るアミンが原因だ」として、熊本大学の調査を否定する説を世に出したのです。すると、東工大のブランドがあっただけに、世間はどちらが正しいか判断できず、水俣病の原因究明が遅れてしまったのです。実際には熊本大学の説が正しかったのですが、東工大の説が出たことで対策が遅れ、さらに患者が増えてしまったのです。

なぜ東工大の教授は、腐った魚が原因だと言ったのか。これには科学者の名に悖《もと》る背景がありました。チッソはプラスチックの可《か》塑《そ》剤を作っていました。これは当時の日本の化学工業にとって必要不可欠な材料でした。そのため、チッソが責められて可塑剤がなくなると、日本の工業界全体がプラスチック製品を作るのに支障をきたす。そこで工業界と縁の深い東工大の教授が、業界の意向を受けて誤った説を流したのではないか……というものです。

つまり東工大は、自校のブランドを使って水俣病の原因究明を遅らせてしまったという苦い経験があるのです。この話も、毎年のオリエンテーションで触れるとともに、私の話のあとには水俣病患者の救済活動をしている団体の方に、いかに科学が人々の人生に影響を与えるかについてお話しいただいています。

　水俣病の経緯は、東工大にとってはいわば原罪のようなもの。いずれ社会に出て科学者や技術者になる学生たちが、こうした事態に直面した時に何を考え、どんな行動をとるべきなのか。中学校で習う四大公害病が、この話で「我がこと」としてもう一度目の前に現れてくる。つまり、自分の生き方にかかわる問題なのだと再認識することになるのです。

　これこそが、「自分はどう生きるべきか」「より良く生きるために、何を学ぶべきなのか」を考えるリベラルアーツの神髄と言えるでしょう。

　こうして学生にリベラルアーツを教える立場になり、私も改めて身が引き締まりました。単に知識を与えるだけでなく、生き方を考えてもらうための材料を提供するのが私たちの仕事なのだ、と考えるようになったからです。

　学生だけでなく、私自身も襟を正さなければならない。改めていろいろなことを学び直さなければならない。そんな気持ちにさせられることになったのです。

第6章

「自分のために学ぶ」ことがなぜ大切なのか

学生から受ける刺激は新たな学び

60歳になって来し方行く末を考えていたところ、大学からお声が掛かり、学生たちに自分の経験や学びを還元できればと思ってやってきた専任教授の仕事でしたが、65歳になって、定年退官となりました。

しかし当時の学長から「定年で辞めたあとも、学長特命という形で残ってほしい」ということで、東工大では2人目の特命教授と名乗って授業を担当しています。身分としては非常勤講師と同じで「1コマいくら」の世界ですが、学生たちと接することで私自身が得られるものは、何物にも代えがたい価値があります。

しかも東工大で定年を迎えてから、さらに大学での仕事が増えていきました。現在では、名城大学の専任教授と、愛知学院大学の特任教授、立教大学の客員教授、信州大学特任教授を務めています。現代史や経済学の授業を担当していて、もちろん試験の採点もして単位認定をしています。

名古屋方面の大学で教えてほしいという依頼を受けたのは、毎週名古屋まで行く間の新幹線で本が読めるからという面もありましたが、それ以上に学生から受ける刺激は多く、私自身の新たな学びにつながっています。

社会に何か還元したい、と思って始めた大学の講義でしたが、単なる知識を教えるのではなく、生き方を考える材料を提供したいとの思いが学生に伝わり、回り回って学生から教えられることも多くあります。

私の東工大の教え子のある学生が、「先生、原子力部門に就職が決まりました」と報告してきたことがあります。原発事故後のことですから驚いて、「大丈夫か、人気のない、これから先どうなるか分からないような部門を選ぶなんて」と言うと、学生はこう言ったのです。

「先生はいつも、授業で『君たちは世のため人のために働かなければならない』と言っているじゃないですか。原発事故が起きてしまって、今後は廃炉の技術を開発しなければなりません。だから私は廃炉の研究をするために原子力を選んだんです」

こちらが思っている以上のものを受け止め、考えた結果だったのだなと頭が下がる思いでした。

また、講義で「社会のため」を強調しているからか、役所に就職するという教え子も少なくありません。ある学生は東工大を卒業したのち、東大の大学院へ進学したあと、ある市役所に就職しました。メーカーからも引っ張りだこの成績を残した学生ですから、生涯賃金を考えればもっと条件のいいところに就職できたはずです。しかし「地元のために仕事をしたい」と、その仕事を選んだといいます。

哲学がトラブル解決に役立つ

私のＴＡ（ティーチング・アシスタント）を務めてくれた大学院生は、ギリシア哲学の教授である桑子敏雄さんの元で「公共事業に対する反対運動の中で、どうやって住民の理解を得ながら実現していくか」を学び、ある地方自治体の建設局を希望して就職しました。

桑子教授は面白い人で、あちこちのトラブルに呼ばれては行政と反対派の間に入って問題を解決しているといいます。なぜ、ギリシア哲学のようにもっとも俗世間から遠いように思われる学問が、公共事業におけるトラブル解決に役立つのでしょうか。ここに、教養が実学に生きる実例を見て取ることができます。

利害が一致しない、あるいは意見が対立している者同士の間で、合意形成を実現する。それが桑子教授の実践です。立場の違う人々の声に耳を傾け、その本質を見出し、対立する者同士が不信感を持たないように話し合いを進めていく。そうして、落としどころとは違う「第三の道」としての合意形成を成し遂げるのです。

ある時には、町の人たちが大事にしていた神社を移設して、そこに新しい道路を通すことになり、反対した住民たちと行政側の間で対立が生じました。

そこで教授は、「以前にも神社を動かそうとした人がいたが、不慮の事故や災いで命を落とした」という話を見つけて紹介したところ、行政側が青ざめて迂回《うかい》ルートを見つけてきたそうです。

そういうと何かオカルトの話のようですが、人々の心情や心の動きを理解した説得方法であるのはもちろんのこと、実は鎮守《ちんじゅ》の森や神社などが、人々にとってどのような位置付けになってきたかということも影響してきます。

桑子教授によると、神社や森は災害が起きても被害を受けないギリギリのところに立っていたりする。こうした神社などには、災害を防ぐ面もあれば、邪険にすれば災いを起こすという怖い面もある。そうした存在であることを現代の合意形成に生かしたというわけです。

人間に対する理解、発想の転換

また、ある地区では住民同士の対立が起きたのですが、実は行政の問題が発端ではなく、単に対立している陣営の、それぞれリーダー格の人の奥さん同士の仲が悪く、その結果この2人が対立していただけだった、と分かって解決した例もあったそうです。

人間に対する理解や、発想の転換で分断や衝突を回避したり、和らげたりすることができる。こうした先生に学んだ学生は、自分もその手法を社会の中で使うことで、貢献したいと考えたのでしょう。

実際、建設局で良い功績を残したのですが、それによっていわゆる出世ラインの財務局に引っ張られてしまったようです。本人としては学んだことが生かせないと、どこか納得のいかない様子でしたけれども。

学生たちはこちらが思った以上に、講義や講演で話した内容を覚えていて、自分の人生を選択する際の指針の一つにしています。こうした学生たちの姿勢に背中を押されて、私も背筋を伸ばさなければと改めて思うのです。

第1章で、教養とはリスキリングなどと違って、仕事や会社のためではなく自分のために身につけるものだと述べました。そこからさらに発展して、学んだこと、身につけたことがほかの人や社会に還元されていくとしたら、人間の人生においてこれに勝る喜びはないのではないでしょうか。

68歳でやつれた理由

さて、こうして本の執筆やテレビの仕事、さらに60代から大学で教える仕事も増えたのですが、さらには2020年のコロナ禍《か》をきっかけに、YouTubeでの番組も始めることになりました。

世界を飛び回っているジャーナリストの増田ユリヤさんと一緒に「池上彰と増田ユリヤのYouTube学園」という番組を開設し、アメリカの大統領選やパレスチナの問題など、その時々の時事的なテーマから、東西冷戦やベトナム戦争、スパイの現代史など関心のある歴史や事象を深掘りする動画を制作しています。分かりやすい動画にするためのイラストを使った紙芝居もスタッフに作ってもらっていますが、その台本の多くも私が書いています。

ありがたいことに、書籍や雑誌などの紙媒体、テレビ、ネットとあらゆる媒体で発信することができていますが、やはり本業は活字。本を書くことだというのが私の認識です。

現在、74歳を迎えましたが、70歳を迎える直前の68歳の時には大病を経験しました。2019年の参院選の選挙特番の際に、視聴者から「池上がやつれている」「がんになったのでは」とネットで噂になるほどだったのですが、これはその大病のあとの出演だったためです。幸いなことに病気は手術で回復。健康診断のあらゆるデータが改善し、むしろ健康に向かっていたのです。

鍛えると体が楽になる

もともと私は健康で、いつでもどこでも寝られるという特技を持っていますから、執筆、テレビ出演、取材、YouTube の収録に大学の講義と予定を詰め込んでも体調を崩すということはありませんでした。

しかし、思わぬところで病気の足音が迫っていたのですね。さらに大病をしてから、周りのスタッフや一緒にYouTube学園に出演している増田ユリヤさんから「池上さん、最近ちょっと年よりじみてきたのでは」などと言われることがあり、勧められて肉体改造のトレーニングをすることになったのです。

トレーニングによって自分の体を改めて見つめ直すことになり、自分がいかに猫背で姿勢が悪かったかにも気づかされました。

体にも柔軟性がなく、前屈してもまったく指が地面に届かない。最初は、トレーニング前のストレッチの段階で、早くも息切れしていたほどです。もともとほとんど運動はしなかったのですが、確かに体を鍛えてみると、姿勢もよくなるし、体も楽になる。おかげでその分、ますます仕事を詰め込んでしまうようになったのですが。

もしあの時、NHKで解説委員になっていたら

ありがたいことに書籍の執筆依頼やインタビュー、テレビの仕事、大学での講義

などさまざまな仕事の依頼をいただきますが、大事なのは目の前の仕事を一生懸命やる、それに尽きるのではないかと思います。

また、前章でも触れたＮＨＫを辞めるきっかけになった「お前には専門がない。だから解説委員にはなれない」という言葉も、結果的には「だったら、いろいろなことを分かりやすく解説することを専門にすればいいんだ」と気づかされることにつながりました。


もしあの時、ＮＨＫで解説委員になっていたら、その後、定年を迎えて職業人生はそこで終わりになっていたかもしれません。しかし、世の中で「物事を分かりやすく説明することの専門家」というニッチな需要を見出したことで、一人くらいはこの仕事で食べていけるのではないかと思ったのです。

特定の分野の専門家になってしまわないことで、どうすれば分かりやすく解説できるか、老若男女に伝わりやすくなるかを考える視点を持ち続けることができます。

また、視聴者の素朴な疑問を代弁することもできる。いわば発想の転換です。

これからのことを考えると、いよいよ70代も後半に入りますから、話す仕事に関しては滑舌が悪くなってきたら潮時だなと思っています。

それでもまだ文章は書けるので、本の執筆はまだまだできるだろうと。もちろん、本が売れなくなって、声が掛からなくなればそれも終わりですが、できるところまでは頑張りたいと思っています。

使ってみたらタクシーのアプリが楽しかった

私は、まだまだたくさん本を読みたい、いろんなことを知りたい、試してみたいという好奇心が尽きることはありません。今も元気で仕事ができているのは、ひとえにこの好奇心のおかげではないかと思っています。

同年代や少し年下の人たちを見ていると、一緒に仕事をしていた仲間たちでも65歳を超えたあたりから、急速に好奇心を失っていくのが分かります。

以前なら、私の話に「へえ、それでどうなったんですか?」と食いついてきてくれた人たちの反応が薄くなり、「そうなんだ……」と聞き流してしまう場面が増えていくのです。そうか、年を取るということは、好奇心が失われていくことなのかと思いました。

逆に言えば、若さを保つためには好奇心を持ち続ければいいのです。

以前、瀬戸内寂聴さんにお会いしましたが、「あれはどうなの?」「これは?」と好奇心の塊《かたまり》のような方でした。瀬戸内さんは99歳で亡くなられましたが、90歳を超えたあとも執筆などの活動に取り組んでいました。やはり好奇心は若さの秘訣なのです。

好奇心を持ち続けるためには、いろいろなことに関心をもって首を突っ込むことが必要です。

最近でも、私はタクシーのアプリをスマートフォンにダウンロードして使っています。必要があって使っている面もありますが、何よりもタクシーがどのあたりに走っているのか、自分の依頼したタクシーがどのあたりまで近づいてきているのかが地図上で見えるのが楽しいのです。

私より若い人でも、「アプリなんて必要ない」と見る前から拒絶してしまう人もいますが、なんとももったいないことだなと思います。必要ではなくても、見てみる、使ってみることで、新たな発見があるからです。

かくいう私も当初はＬＩＮＥを使うつもりはなかったのですが、仕事相手が「ＬＩＮＥでグループを作って、そこで仕事のやり取りをしましょう」と言ってくるので渋々始めました。しかしやってみるとそれはそれで発見があり、「ええっ、たった１２０円でこんなにいろいろなスタンプが使えるようになるの？」と驚いています。

関心を失って、シャットアウトしてしまったらそれまで。何事も楽しんで、前向きに、自分から取り組むからこそ、老け込んでしまうことの歯止めになるのです。

何もしないでいると、さらに衰えてしまう！

「年を重ねる」のは大変なことです。目が悪くなり、体力がなくなり、集中力が続かなくなる。多くの人は仕事をリタイアしたあとに、これまでやろうと思ってもできなかった読書や趣味を始めようと考えますが、その頃にはもう衰えが進んでいて、本を読むのもままならないという状況になりかねません。

体の衰えは気力や精神の衰えにもつながり、結果として読書もままならなくなる。さらに好奇心を失ってしまえば、「本を読もう」という気持ちも萎《な》えてしまうでしょう。「今さら、新しいことを知っても何の役にも立たない」と言い訳する気持ちも出てきてしまいます。

50代を超える頃から、気力体力の衰えは始まっているわけで、「ミッドライフ・クライシス」の危機もある。それを乗り越えても、今度はさらに体は衰えを感じることになる。

その間、何もしないでいればさらに衰え、好奇心も失われてしまう。人生の後半戦をただ無為に過ごすのでは、いかにも人生、もったいない。

せっかくの残された時間を有意義なものにするためには、積極的に物事に取り組む気持ちを持ち続けることが必要です。そのあとの人生を考えれば、50代のうちから書店に行くことを習慣づける、新しい話題があれば新聞や書籍で理解を深める、死ぬまでに読んでおきたい作品、勉強しておきたいことは今から始めることが大切でしょう。

それがその後の人生の、大きな支えになるのですから。

おわりに

「知的虚栄心」という言葉があります。

いま必要なのは、この心持ちではないかと思うのです。私が若い頃、「教養がないね」というのは最大の侮辱でした。人格そのものを否定される気がしたものです。これは私に限ったことではなく、友人たちの間でも、この言葉は身も蓋もない批判でした。

高校時代、同級生たちが小難しい本について話をしているところに入ると、「なに、お前読んでないのか」と言われるのが怖く、とりあえずは読んでいるフリをしたものです。

その後、下校途中で書店に寄ってその本を買い求め、自宅で必死になって読んだことを思い出します。まさに虚栄心の塊でした。当時は、「読んでいて当然」とみなされる書籍がいくつかあり、それを読んでいないとバカにされたものでした。後で聞くと、実は友人たちも同じようなことをしていたのですが。

若者らしく虚勢を張った虚栄心でしたが、結果として、多くの若者たちがその時代で読むべき古典の書を読むことにつながっていたように思えます。こうして当時の学生たちの「教養」の礎《いしずえ》になったのでしょう。

それが、いつしか古典を読んでいないことを指摘されても、恥ずかしく思わない若者が増えてきました。もちろん、その本を読んでいることが偉いわけではないし、読んでいない本があっても恥ずかしいことではないのですが、「読んでませんけど、なにか？」という態度が見えてしまうと情けない気分になります。

読んでいないのなら、居直るのではなく、「読まなければなりませんね」というしおらしい態度が見たいのですが、これは勝手な思い込みでしょうか。

本文でも触れましたが、かつての教養主義はいつしか薄れ、「すぐ役に立つ」本が求められるようになりました。

そうした本は、私に言わせればサプリのようなもの。健康にいいように思えますが、大事なのは日々の食事。栄養バランスのとれた食事をきちんと摂っていることが、本当の健康につながります。栄養バランスのとれた食事。これが古典であり、教養につながる書籍なのでしょう。

歯ごたえのない本ばかりを読んでいると、いつしか咀嚼《そしやく》力が失われます。歯が欠けてしまうほど歯ごたえのあるものに無理して歯向かう必要はありませんが、しっかりと栄養になるものを咀嚼する。本書が、そんな〝食事〟への心構えになれば幸いです。


本書が完成するまでには、PHP研究所の編集者の堀井紀公子さんとライターの梶原麻衣子さんにお世話になりました。

2025年1月

ジャーナリスト　池上　彰

編集協力――梶原麻衣子

PHP

Business Shinsho

池上　彰（いけがみ・あきら）

ジャーナリスト。名城大学教授、東京科学大学（旧東京工業大学）特命教授など５つの大学で教える。1950年、長野県生まれ。慶應義塾大学経済学部卒業後、1973年ＮＨＫ入局。報道記者として、松江放送局、呉通信部を経て東京の報道局社会部へ。警視庁、気象庁、文部省（現 文部科学省）、宮内庁などを担当。1994年11月より11年間ＮＨＫ「週刊こどもニュース」のお父さん役を務める。2005年にＮＨＫを退社し、現在はフリージャーナリストとして多方面で活躍。2016年、テレビ東京選挙特番チームとともに菊池寛賞受賞。著書に『伝える力』『伝える力２』（以上、ＰＨＰビジネス新書）など多数。

PHPビジネス新書 477

50歳から何を学ぶか

賢く生きる「教養の身につけ方」

2025年２月28日　第１版第１刷発行

著　　者　池上　彰
発 行 者　永田貴之
発 行 所　株式会社ＰＨＰ研究所
東京本部　〒135-8137　江東区豊洲5-6-52
ビジネス・教養出版部　☎03-3520-9619（編集）
普及部　☎03-3520-9630（販売）
京都本部　〒601-8411　京都市南区西九条北ノ内町11
PHP INTERFACE　https://www.php.co.jp/
装　　幀　齋藤　稔（株式会社ジーラム）
組　　版　株式会社PHPエディターズ・グループ
印 刷 所　株式会社光邦
製 本 所　東京美術紙工協業組合

ISBN978-4-569-85868-5

「PHPビジネス新書」発刊にあたって

わからないことがあったら「インターネット」で何でも一発で調べられる時代。本という形でビジネスの知識を提供することに何の意味があるのか……その一つの答えとして「**血の通った実務書**」というコンセプトを提案させていただくのが本シリーズです。

経営知識やスキルといった、誰が語っても同じに思えるものでも、ビジネス界の第一線で活躍する人の語る言葉には、独特の迫力があります。そんな、「**現場を知る人が本音で語る**」知識を、ビジネスのあらゆる分野においてご提供していきたいと思っております。

本シリーズのシンボルマークは、理屈よりも実用性を重んじた古代ローマ人のイメージです。彼らが残した知識のように、本書の内容が永きにわたって皆様のビジネスのお役に立ち続けることを願っております。

二〇〇六年四月

ＰＨＰ研究所

PHPビジネス新書

「話す」「書く」「聞く」能力が仕事を変える！

伝える力

池上　彰　著

わかっているつもり、では伝わりません。伝えるために話すこと、聞くこと、書くことを徹底して考えたジャーナリストの究極の方法とは？

PHPビジネス新書

伝える力2

もっと役立つ！「話す」「書く」「聞く」技術

池上　彰　著

200万部突破のベストセラー、ついに続編が登場。もっと伝わる話す・聞く・書く技術はもちろん、敬語やツイッターなど新トピックスも！